琉球王国から沖縄県へ

よくわかる沖縄の歴史

来間泰男

日本経済評論社

はじめに

この本は「よくわかる沖縄の歴史」の第三冊目にあたる。シリーズとは名乗っていなかったが、形は「シリーズ」になりつつある。

「よくわかる」としたのは、読者を高校生レベルに想定して、わかりやすく書いたからである。

第一冊目の『琉球王国の成立と展開』は、原始から中世までを対象とし、そのハイライトに琉球王国の成立をすえ、その後の展開を跡づけた。

第二冊目の『琉球近世の社会のかたち』は、その跡を継いで、一七世紀から一九世紀の半ばまでを扱った。日本も「近世」、琉球／沖縄も「近世」である。しかし、「社会のかたち」は大いに異なっていた。そのことを提示した。

第三冊目にあたるこの本は、表題に示したように、「琉球王国」から「沖縄県」に移っていく時代を取り上げる。琉球は、独自の王国から日本の沖縄県になったのである。しかし、一直線にそうなったのではない。まず、「琉球処分」（一八七九年）によって、政治的に統合され、次いで二〇年後の「沖縄県土地整理事業」（一八九九〜一九〇三年）によって、経済的・社会的に統合されたのである。この本は、この二つのビッグ・イベントに挟まれた時代をあつかう。歴史学でいう「近世」につぐ「近代」の、その前半という時代にあたる。

「近代」というのは、日本史においては、政治的には憲法を持ち国会を開設する時代で、経済・社会的には資本主義に進んでいく時代である。

憲法と国会については、欧米の姿を参考に調査・研究が進められ、また、下からの自由民権運動の高揚に急《せ》かされながら、実現していった。日本（権力としては「江戸幕府」）は、幕末に欧米の圧力を受けて「開国／開港」した。あとを継いだ明治政府は、それまでも進んでいた商品・貨幣経済を一段と高い位置に置き直して、欧米に習って、資本主義国家の仲間入りをしようという方向を定めた。「殖産興業」である。外国の進んだ技術をとり入れ、学び、近代工業の社会になることを目指したのである。そのことは、「富国強兵」といわれたように、経済力をつけることが軍事力をつける基礎となると期待し、目指していたということでもある。

他方の琉球／沖縄は、「琉球処分」により「沖縄県」となった／されたものの、そのときは内政の改革は留保された。「旧慣」を改めなかったのである。ということは、「琉球処分」によっては、社会のあり方は改変されず、「琉球近世の社会のかたち」がそのまま引き継がれたということである。政治面でも、国会に議員を送ることもまだできていなかった。この本で扱うのは、そのような時代である。したがって、琉球／沖縄の「社会のかたち」はまだ「近代」にはなっていない。日本との落差は開いたまま、というよりは、日本が改変されていくので、ますます開いていったのである。

一方の日本が「新しい社会のかたち」を作っていくのに、他方の沖縄はそうではなかった、そこを見てほしい。

「沖縄県土地整理事業」以降の「社会のかたち」の変化を描くことは、第四冊目に残される。

二〇二三年六月一二日

凡　例

・引用文中の［　］は、引用者の注であり、元の引用文に「　」とあるものは〈　〉とした。
・引用文中の「……」は、引用者による中略である。
・引用にあたっては、旧字体を新字体にし、ルビを多くした。
・引用文のなかで、句点や読点がほしい時は、一文字分や半文字分のアキを設けた。
・数字は、引用文の場合も、一万二三四五のように書き、千・百・十（拾）を省いた。
・なお、特定の個所に限る場合の用法などは、その個所で記した。

目次

第1話
徳川幕府から明治政府へ

日本は、徳川幕府の時代が終わって、明治時代に進んでいく。これは、社会のあり方が大きく変化することを意味している。新しく発足した明治政府はどのような「国づくり」をしていったか、その結果、どのような日本国ができたのか。

「尊王攘夷」という目標は実現できたか。新しく掲げられた「富国強兵」という方向づけは日本をどのように導いていったか。

「明治維新」といわれるこの時代の社会の改変は、まことに画期的なものであった。かつて最高身分とされていた武士はその存在を否定され、「四民平等」が謳《うた》われ、憲法を持ち、議会を開設する国家の建設へ進み、社会の基礎を支える経済の仕組みは、「資本主義」に向けてどんどん変えていった。

「開国」と戊辰戦争

開国　日本にヨーロッパ勢力がやって来たのは、一六世紀後半のことである。まず、ポルトガル、そしてオランダであった。徳川幕府はのち、ポルトガルを排除し、オランダと、そして中国とのみ長崎で貿易をした。「鎖国」といわれる。鎖国は、外国との関係を幕府が独占して、諸藩にはそれを認めない（鎖《とざ》させる）ということである。それでも、蝦夷地《えぞち》（北海道・箱館周辺）の松前《まつまえ》氏はその北方と、対馬《つしま》の宗《そう》氏は朝鮮と、薩摩の島津氏は琉球／中国と、それぞれ交易が許されており、あわせて「四つの口」が開かれていたとされる。

一八世紀に入るとロシアが、一九世紀にはイギリス、フランスなどもやってきた。その中でも大きな影響を与えたのは、一八五三年の、アメリカ大統領の特使・ペリー艦隊の来航である。これをきっかけに、江戸幕府は大きく動揺した。翌五四年には「日米和親条約」を結び、五八年には「日米修好通商条約」を結ぶ。次いでオランダ、ロシア、イギリス、フランスとも同様の条約を結んで、「開国／開港」したのであった。日本は激動の時代に入っていった。

なお、対外政策の変化の始まりは、この「開国／開港」ではなく、アヘン戦争によって中国（清《しん》）がイギリスに敗北し、そのことが江戸幕府に伝えられて、それまでの「異国船打ち払い令」から「薪水給与令《しんすいきゅうよれい》」へと転換したこと（一八四二年）に求める議論もある。

尊王攘夷

江戸幕府の統制力はしだいに衰えていき、朝廷の意向を気づかうようになる。そこに「尊王《そんのう》」（天皇／朝廷を尊《たっと》ぶ）思想が育っていく。日本は、武士の社会がつぶれれば、天皇が頭をもたげる社会であった。というよりは、倒幕勢力は、そのような傾向をもった日本を、みずからの「手段」として利用した。一方、開国による社会の変容に危機感を持って、「攘夷《じょうい》」（「夷」＝外国の勢力を打ち払う）の主張も高まる。幕府が外国勢力の打ち払いに消極的なことから、倒幕の運動を呼び起こしていく。その中心になったのが薩摩と長州であった。しかし、薩摩も長州も欧米諸国からの攻撃を受けた。薩摩は、生麦事件《なまむぎじけん》（薩摩藩の行列の中に入り込んで来たイギリス人を殺害した）の反撃を受けて、一八六三年に薩英戦争を仕掛けられた。長州は、幕府の判断を待たずに外国船を攻撃し、六四年に四国《しこく》（イギリス・フランス・アメリカ・オランダ）連合艦隊の下関《しものせき》砲撃を受けた。これらのことによって、早い段階から「攘夷」は捨てられ、外国の武器や兵制に学ぶ方向に切り替わっていった。

戊辰戦争

この動乱期に将軍になった徳川慶喜《とくがわよしのぶ》は、一八六七年に「大政奉還《たいせいほうかん》」（政権を天皇に還《かえ》し奉《たてまつ》る）をしたが、それでも、政権から撤退する意思はなく、むしろ新しい時代の主力勢力として居残ろうと考えていた。そこで薩長《さっちょう》は、一部の貴族（公家《くげ》）と結んで、武力で倒すことにする。

この時代の武器は、弓や刀ではなく、西洋製の大砲や鉄砲（火縄銃ではなく、連射のできる銃である）であった。薩摩はそれらを早めに手に入れ、「同盟」関係に入った長州にも手に入れさせた。また、軍隊の編成も、西洋式をとり入れた。したがって、武士だけでなく、百姓の中からも「兵士」が数多く生まれた。幕府も同様の取り組みを進めたが、やや遅れをとった。

こうして戦われた戦争で幕府は敗れたのである。この、新政府軍と旧幕府軍との戦いをまとめて戊辰《ぼしん》戦争というが、それには鳥羽伏見《とばふしみ》の戦い、彰義隊《しょうぎたい》の戦い（上野戦争）、長岡藩・会津《あいづ》藩との戦争、箱館戦争などが含まれる。

明治政権の動向

試行錯誤

徳川幕府が倒れ、明治政府が発足しただけでは、世の中はすぐには変わらない。各地の藩は残っており、それぞれが独立した「経営体」でもあった。そこには、新政府の権限は直接には届かない。それぞれが軍隊を持っており、外国との交渉・貿易を行っている藩もある。身分制度は変わっておらず、武士階級もそのままである。租税は、それまでと同じく、米を中心とした年貢として主に百姓が負担しているが、それは、それぞれの藩に納められていた。このような、それまでのあり方が残ったままで、政権は移行したのである。世の中の改革としての「維新」が進むのは、その後のことである。

それでも、どのような方向に向かって、何を改革するかについては、当初はしっかりした方針が決まってはいなかった。倒幕の参加者も、考えていることが一致しているわけではない。状況に対応して方針が決まり、逆に、改革方針を進めながら、それへの反応を見ながら進めていくという、試行錯誤の期間があったのである。

太政官制

まず設けられたのは、「太政官制」であった。読みは「だじょうかん」とも「だいじょうかん」とも。一八六八年一月三日(慶応三年一二月九日)に発足した明治政府は、総裁・議定《ぎじょう》・参与の「三職」をおき、ついで「太政官」をおき、その下に立法の「議政官」、行法の

「行政官」、司法の「刑法官」を設置した。翌年七月には、「職員令」を制定して、「二省（神祇官《じんぎかん》・太政官）六省制」とした。これはその後「太政官三院制」、「三院八省制」とされるなど、変更が相次いだ。

岩倉使節団の海外派遣

また、「明治維新」のしっかりした方向性も決まっていないなか、一八七一（明治四）年一一月、右大臣・岩倉具視《いわくらともみ》を「特命全権大使」とする、新政府のアメリカ・ヨーロッパ使節団が横浜港から出発した。副使は、参議・木戸孝允《きどたかよし》、大蔵卿・大久保利通《おおくぼとしみち》、工部大輔《たゆう》・伊藤博文《いとうひろぶみ》、外務少輔《しょうゆう》・山口尚芳《やまぐちなおよし》の四人である。ほかに一等書記官三人、二等書記官四人、などを合わせて四六人で編成されていた。

なぜ、混沌としたこの時期に、明治政府の首脳部で構成された使節団が送られたのだろうか。皆が「維新」の方向をどう定めたらいいか、考え、悩んでいた。行政・司法・国家間の関係・教育・宗教など、それらをどのように改めていったらいいか、模索していたのである。目の前には「模範」はなく、それは海外にあった。日本にいた宣教師たちも、海外見聞を勧めた。

版籍奉還

政権を手にした明治天皇は、一八六八年に元号を明治と改めた。一八六九（明治二）年、明治維新の推進勢力は、率先して「版籍奉還」を行ない、他の藩もこれに倣《なら》った。それぞれの大名が、自らの「版図《はんと》」（土地）と「戸籍」（人民）を、天皇に還《かえ》し奉《たてまつ》る、というのである。このことによって、それまでの藩主（大名）は藩主ではなくなり、それぞれの土地と人民は天皇のものになった。「中央集権国家」、つまり、中央に権力／権限が集中する方向へと変わり始めたのである。ただ、かれらはそのまま「知藩事《ちはんじ》」に任命されたので、まだ徹底されはしなかった。

廃藩置県

続いて一八七一（明治四）年、明治政府は「廃藩置県」を実施した。これは、全国に三〇〇余りもあった「藩」を廃止して、「府県」を置いた大きな社会改変であった（「藩」はそれまで俗称であったが、明治になって公式に使われた）。まず三府三〇二県とし、次いで三府七二県とした。それまでの「藩」は、独立した「国」のようなものだったわけであるが、そのような「国」が廃止されて、一つの国、日本国に統合されたのである。「中央集権国家」の完成である。中央に権力／権限が集中した、ということである。藩主（大名）による「自治」が否定されたといっていい。それまでの藩主は二年前の版籍奉還のとき、「知藩事」とされて残っていたが、罷免されて、上京を命ぜられた。代わりに、中央から「知事」（当初は「県令」といった）が派遣された。

各藩からの反発もあったが、各藩の発行していた「藩札」（紙幣）を政府が引き取る、すなわち債務を引き受けることなどがあって、軍事的な反対運動は起きなかった。なお、中小藩の中には、財政の困難／危機から自主的に「廃藩」を願い出るところもあった。

徴兵令

中央集権国家となることによって、武力も「藩」単位で備えていた状況から、「国」が一元的に管理することになった。明治維新に貢献した諸藩は、率先してその武力を国に献上し、他にもそれに習うところがあった。しかし、地方の藩では、自らの武力がなくなるだけで、それまで武力を支えていた武士たちは不要になった。

そして一八七三（明治六）年に「徴兵令」が出された。国の軍隊を構成するものは、従来の武士だけでなく、これまでまったく関係のなかった農民たちも、一様に国の軍隊に取り込まれることになったのである。従来の武士は、自らの仕事を奪われることに反発した。また、農民たちも、当初は「家父長的な家」が根強かったことを考慮して、多くの「免役」規定が設けられていたものの、さまざまな形で「徴兵拒否」がなされた。例えば「長男」は免除されるので、他家に「養了」として入り込むなどもあった。徴兵忌避と徴兵反対一揆が重なって、政府を悩ませた。この制度は、一八八九（明治二二）年の改正によって、免役制などは廃止され、「国民皆兵」の制度となった。

秩禄処分

廃藩置県によって、武士たちはすべて「失業」した。武士たちは、いったん全員が「官職」を失うとともに、それまでの「世襲」（親の仕事を子が引き継ぐ）は否定された。新しい「県政」の役人として再雇用されたのは、約三割にすぎなかった。残りの七割の武士たちには、「家禄《かろく》」が支給された。いきなり「無収入」にするわけにはいかなかったのである。これは、維新後に「士族」となった、いわば失業士族に対する生活補償である。また、戊辰《ぼしん》戦争／明治維新の勲功者《くんこう》に対しては「賞典禄《しょうてんろく》」が与えられた。

しかし、仕事もしないのに収入を得続けることは、世間が許さなかった。明治政府にとっても、財政負担となることから難題となっていて、その解消に取り組む。

まず一八七三（明治六）年に「家禄奉還」が行われた。希望者に限定して、秩禄《ちつろく》六年分を、年利八％の秩禄公債と現金を半々で交付した（「秩禄」とは、家禄と賞典禄のこと）。希望者は六万人余いた。これで家禄の二三％が処分された。政府はこの奉還に応じた人びとに、国有地を安く払い下げて、農業への転向を促した。

次に、一八七六年に「秩禄処分」が行われた。その方法は、秩禄を「金禄公債」とする、つまり、毎年秩禄を支給するのではなく、それを「秩禄公債」という名の、国の借金証書（国債）に替えることにした。それには利息が支払われるが、その利息は五分・六分・七分・一割の四種があって、額の多い者に薄く、少ない者に厚かった。しかし、どのランクの受給者にとっても、一時的な収入であり、また額も少なかった。

この公債を他に（例えば国に）譲渡すれば、一時金が入ってくる。無期限に得られた報酬が、期限つき／上限つきの報酬に変わったのである。それは一方で、旧武士／士族たちの就業奨励／支援の意味も持たせつつ推進された。

士族の不満と反乱

かつての武士（今は士族）は、明治維新によってその存在意義を失った。「帯刀《たいとう》」（刀を帯びる＝腰に差すこと）が禁止され、「徴兵令」が出されて、秩禄も処分されて、彼らの不満が蓄積していった。

そこで、この時期に、九州を中心として士族の反乱がいくつも起こった。一八七四（明治七）年の佐賀の乱、七六年の神風連《しんぷうれん》の乱（熊本）、秋月《あきづき》の乱（福岡）、萩《はぎ》の乱（山口）などであり、最終的には、西郷隆盛《さいごうたかもり》をリーダーとする一八七七（明治一〇）年の西南戦争（鹿児島）につながった。政府は、これらをすべて武力で鎮圧した。

政府も、これら士族たちに仕事を与えようと、対外進出を考えた。まず、「征韓論」（朝鮮を征伐する議論）が出て、政府の方針になりかけたが、一八七三（明治六）年に否定された。推進派の西郷・板垣退助《いたがきたいすけ》・江藤新平《えとうしんぺい》らは「下野《げや》」（野に下る＝官職を辞めて民間に下ること）した。板垣は自由民権運動に走り、江藤は佐賀の乱で敗れた。

その最後の抵抗が一八七七（明治一〇）年の、西郷をリーダーとする西南戦争である。これが画期となって、明治新政は新しい段階に入っていく。

台湾出兵

明治政府は、まず朝鮮への進出を模索した。「征韓論」といわれたが、政府の方針に至ることなく、潰《つい》え去った。次に、台湾が目標となろうとした。「琉球民（宮古民）の台湾遭難事件」（一八七一年＝明治四年）がそのきっかけとなった（第2話）。政府は、台湾に軍を出す決定はしたが、諸外国の動向を見て、中止することにした。しかし、政府軍はすでに台湾に向かっていて、長崎にまで来ていた。西郷の弟・従道《つぐみち》は、士族の不満を背景にもっていて、独断で台湾征討を断行した。戦争を終えたら、この士族たちを台湾に「植民」させることも考えていたが、マラリアに悩まされて、当人たちも望まず、断念した。ともあれ、これが明治政府による最初の対外軍事行動となった。

国境の画定

西欧にならって「近代国家」をめざす明治日本は、国境の画定を要した。

幕末以来一貫して外交・軍事問題になってきた日露国境問題を解決すべく、一八七五(明治八)年五月、ロシアとのあいだに「千島樺太交換条約《ちしまからふと》」を締結した。得撫島《ウルップ》以北占守島《シュムシュ》に至るクリル諸島(北千島)を日本領とし、樺太については日本が権利を放棄しロシア領とすることを取り決めた。

小笠原諸島は、日本人が臨時的に渡航して、測量などを実施していたが、無人島であった。そこに、一九世紀から太平洋で捕鯨が盛んになり、アメリカ人やイギリス人が給水のために立ち寄り、しだいに住むようになった。江戸幕府も八丈島からの移民を仕立てて、送り込んだ。一八七六(明治九)年一〇月、日本は英米などの関係諸国に、小笠原諸島が日本領土であることを通告、島民の国籍問題も八二年までに全島民(旧米英人も)に日本国籍を取得させることで解消した。

北西側の朝鮮との国境は明確だったので、残る国境問題は南西方面のことだけとなった。南西諸島、つまり琉球王国の処遇は、日本の領土画定問題の一つでもあったのである。

地租改正

事業とその結果

一八七三(明治六)年に「地租改正法」が成立する。これによって、土地面積とその所在を確定し、帳簿(公簿)と絵図(公図)を作成した。それぞれの土地は、①その生産量を計算(想定)され、②「地価」が決定され、③その土地の「所有者」が確定する。④かれには「地券」が交付される。こうして、「私的土地所有権」の確立を図ったのである。⑤その、確定した土地とその所有者に対して、地租が課される。その課税基準は地価に求め、税率はその一〇〇分の三（三％）の定率金納とした。

地租改正事業の結果、政府の収入としては、旧租額の水準がほぼ維持され、財政基盤が確保されたということができる。他方で、農民の負担は軽減されず、むしろ実質的には負担が増えたとされる。地租改正に反対する「一揆」などが、各地で起こった。そのこともあって、一八七七年に、税率は三％から二・五％に減租される。

近代的土地所有

これまで、この地租改正によって「寄生地主的土地所有」が拡がったという評価が多かったのだが、近年はそうではなく、「近代的土地所有」とすべきとされるようになった。近代的土地所有権のもとでは、土地に対する権利をもつのはただ一人であり（「一地一主」原則）、その権利者（所有者）がその土地に対する絶対的・排他的な権限をもつことになる。

土地所有権は百姓に

もう一つ、この地租改正の特徴は、その土地所有権を「領主・武士」にするのではなく、「百姓・農民」に定めたことである。江戸時代までの土地所有は、「重層的」な土地所有関係のもとにあった。領主・武士にも階層があり、それぞれが土地に関する権利をもっていた。たとえば、その土地から年貢を徴収する権利をもっていた。「領有権」あるいは「領主権」と呼ばれる。百姓・農民は、実際にその土地を支配し農業を行う権利をもっていた。「所持権」あるいは「占有権」と呼ばれる。

つまり、地租改正における最大の問題は、与える「近代的土地所有権」を「領主・武士」にするか「百姓・農民」にするのかにあったのである。そして、それを「百姓・農民」に与えたことが、日本の地租改正の特徴であり、「画期性」だった。それには、大地主もあったし、地主－小作関係の存在と互いの抗争は、近代日本の主要な社会問題の一つであり続けるものの、農地の所有から領主・武士が排除されたことは意義深い。

地税の改革

地租改正は、「太閤検地」以来のもっとも大きな土地制度の改革だった。また、画期的な税制改革でもあった。明治の初年、地税（地租改正終了までは、江戸時代と同様の年貢徴収が行われていた）は、政府の経常歳入の八割あまりを占める大黒柱であり、地税なしには何もできない状態であった。そして、地域的にさまざまで、統一した制度ではなかった。地税改革は緊急の課題だったのである。

自由民権運動

民撰議院設立建白書

明治政府の方向性がまだ確定しない状況のなかで、「自由民権運動」が起こる。「民権」とは「国民の権利」のことである。これに対する言葉は「国権」といわれ、「国の権力支配」のことだった。

その発端となったのは、一八九四（明治七）年一月一七日に、板垣退助《いたがきたいすけ》・後藤象二郎《ごとうしょうじろう》ら八人によって提出された「民撰議院設立建白書」である。うち板垣ら四人は、征韓論に敗れて下野した者たちで、それまで政府の中枢にいた人びとである。この国会開設の要求は、広く民衆の心をとらえていった。

民衆の政治参加

日本では長い間、民衆は政治に関与／発言しなかったのだが、ここに歴史上初めて、民衆レベルでの政治への発言がわき起こったのである。全国各地に無数の「結社」が生まれた。演説会が盛んに開催され、多くの民衆が入場料を払って聞きに集まった。署名運動も盛んだった。明治維新という「世替わり」のなかで、かつてのような身の置き方を続けることが難しくなったことが一方にあり、他方には、この際しっかりと自らの立ち位置を明確にし、できれば、世の上位の地位を獲得しようという野心も生まれていた。

自由民権運動の担い手は、明治になって「士族」といわれるようになった、かつての武士たちの多くが職を失い、生活の根拠をなくしていったことを、一つの背景としてもっていた。「士族民権」と呼ばれる。

また、百姓も参加した。それを代表したのが、地域の有力者、まとめ役である「豪農」であった。そのころの豪農というのは、小作料を取得する地主であり、みずから農業に従事する経営者であり、商店を構えたり、仲買いを営む商人であり、質屋であり、また、製糸・織物・酒などを製造する小工場主でもあるという、多様な性格をもっていた。だから、商工業者も参加していることになる。かれらは主に「地租改正事業」を批判しつつ、地租の軽減を要求した。「豪農民権」と呼ばれる。

このように、いろいろな階層が参加しているので、この運動は、はじめから一致した目標が定まっていたわけではない。その運動としての最大公約数は、国会開設要求だった。そして「国家」を盛り上げ、守り、豊かにし、自由に発言できるようにすることを目指して、その方向を示せない「政府」を批判するという形をとった。

運動の形態は、演説会や、新聞紙上での言論活動が主なものだったが、「武力」を行使しようとするものもあった。その傾向は「西南戦争」などの、武力による反政府闘争が失敗したことで転機を迎える。武力ではなく「言論」で世の中を変えようということになっていったのである。それでも、一部には武力闘争に決起する地域・団体も残った。

ただし、民権運動を進めた「民権派」政治家と「民権派」民衆が同じ思いを共有したとはいえない。両者は「政府」批判というかぎりで、目標と感情が一致していたといっていいが、「民権派」政治家と「政府」は、たがいに対立しながらも、「議会をもつ近代国家の建設」ということでは一致していたのである。

自由民権運動の性格

自由民権運動についての近年の作品に、松沢裕作《まつざわゆうさく》『自由民権運動――〈デモクラシー〉の夢と挫折』（岩波書店、二〇一六年）がある。

その「終章」から引く。「自由民権運動は、〈ポスト身分制社会〉を自分たちの手でつくり出すことをめざした運動であった。したがって、それはポスト身分制社会の形が、まだはっきりとは見えていない時代、すなわち、近世社会と近代社会の移行期に生まれた運動であった。そして移行期が終わり、近代社会の形が定まったとき、自由民権運動は終わる。一八八四（明治一七）

年秋、展望を失った自由党が解党し、秩父［困民党］の農民の解放幻想が軍隊の投入によって打ち砕かれたとき、自由民権運動は終わった」。

「ポスト身分制社会」とは、近世の身分制社会が終わって、次はどうすべきか、自分たちはどうすべきか、模索中だった状況を言い表したものである。例えば、「武士」は武士でなくなり、仕事がなくなり、収入が消えていった。武力を使いたいのにその対象がなくなった。戦いの担い手は、かつての「武士だけ」から、百姓を含む全国民への「徴兵」で調達されるようになった。朝鮮を攻めようとした「征韓論」は、政府の方針にはならなかった。代わって、琉球・宮古の人民が台湾の原住民に斬殺された事件を口実に、旧武士／士族たちの不満のはけ口として「台湾出兵」が実行された（第二話）。士族たちの行動は、「士族反乱」という形をとったが、すべて弾圧された。

百姓のなかからも、こんどこそ自分たちが政治に参加する時代になったと考え、そうなろうとする者が出てきた。そのような状況が「自由民権運動」を生み出したのである。それでも、そのこと一色ではなく、内部に意見の違いを多く抱え込んだものだった。憲法の制定を求め、議会の開設を求めたが、どのような憲法なのか、どのような議会なのか、意見は統一されてはいなかった。

国会開設の約束と天皇制への足固め

政府は、この自由民権運動をきびしく弾圧した。演説会の規制、新聞報道の規制、そして民権家を逮捕し、投獄していった。それでもなかなか鎮《しず》まらない運動に対して、政府は苛立《いらだ》ちを抑えることはできなかった。

国会開設の約束

結局は、かれらの要求する「国会開設」を約束する。一八八一（明治一四）年一〇月のことである。しかし、実際に開設されるのは、一八九〇年、つまり一〇年も後にということであった。

自由民権運動は、国会の開設を要求していながら、どのような国会にするのかについては、ほとんど議論を深めてはいなかった。そのためもあって、その主流はこの開設するという約束に満足して、運動はしだいにおさまっていき、その指導者の一部は、のちには政府の中に取り込まれていく。

一方、政府は「転んでもただでは起きない」のである。議会を開設することを約束しながら、議会ができてのちも「天皇制」が揺らぐことのないように、また、議会に振り回されないように、政府は次々に手を打っていった。

天皇制への足固め

一八八二（明治一五）年から、「皇室財産」の形成に努めていく。山林・原野・牧場などを「国有」から「皇室所有／天皇のもの」に切り換えた。面積は三六五万坪である。また「日本銀行」（中央銀行）、「横浜正金《しょうきん》銀行」（外国為替《かわせ》銀行）、日本郵船会社その他の株式のうち八六〇万円を、「政府所有」から「天皇のもの」に切り換えた。これによって、天皇は、日本一の大地主に、また、とびぬけた大資本家になったのである。

華族制度

一八八四年には、新しい「華族制度」がつくられた。「華族」は、それまで旧公卿《くぎょう》・大名とその子孫たちの呼び名だった。新しい制度では、「公《こう》・候《こう》・伯《はく》・子《し》・男《だん》」という五つの爵位《しゃくい》を設けて、これを受けたものを「華族」とした。これには、旧華族のほか、王政復古以来の「功臣《こうしん》」（功労のあった臣下）に、それぞれの格付けをともなって、与えられた。これは、議会開設でできる予定の「衆議院」（議員は選挙で選ばれる）とは別に、「貴族院」を用意するための措置でもあった。貴族院の議員は、皇族と華族の中から「勅撰《ちょくせん》」された（内閣の推薦によって天皇が選ぶ）。また、高額納税者も互いの互選で加えられる、となっていた。

太政官制から内閣制へ

一八八五年に、「太政官制」を廃止して、「内閣制」とする。「内閣」が、「総理大臣」と複数の「国務大臣」で発足した。「大臣」はそれぞれの部門を分担する。これとは別に「内大臣」を置き、内閣にも「宮内省《くない》」にも属さず、天皇を「常時」たすける役とした。「宮内省」も内閣に属さず、政府から離れて、宮廷と華族のことを管理する。このとき、伊藤博文《いとうひろぶみ》が最初の内閣総理大臣（伊藤は宮内大臣も兼ねる）になった。それまでの、たとえば「外務卿」は「外務大臣」となった。憲法が発布される前に、政府機構が決められ、大臣が決められた。これが今の「議院内閣制」との違いである。

一八八八（明治二一）年に、天皇の最高顧問府として「枢密院《すうみついん》」が設けられた。枢密院は天皇の任命による「枢密顧問官」によって構成され、条約案・勅令案など、天皇の諮詢《しじゅん》（諮問）に応えて、重要国務を審議し、また憲法の解釈をも担当するとされていた。

いずれにせよ、国会が開設されても、その国会において天皇は侵されず、政府（内閣）はしたい放題という、足固めを先行させたのである。

第2話 琉球王国から沖縄県へ

日本での、徳川幕府の時代から明治時代へと進んでいく改変の時代に、琉球は主体的に改変に取り組むことはなかった。むしろ、外から押し寄せてくる改変の要求／圧力に対して、それを回避するというだけの、消極的な態度をとり続けた。

そこで、琉球近世の社会構造の改変は、日本の側から、明治政府の手によって進められた。まず、「琉球王国」を「琉球藩」とし、薩摩の領分から日本政府の支配下に置き換え、さらに、「琉球藩」を「沖縄県」とし、完全に日本の版図に加えた。

琉球側は、もっぱら「守旧」、すなわち中国への「朝貢・冊封」関係を維持する立場をとったが、強権によって屈服させられた。

なお、第5話まえがきを参照されたい。

ペリーの琉球来航と条約締結

フランス 一九世紀の後半という時代には、沖縄でも新しい対外関係が動きはじめた。一八四四年三月、フランス軍艦アルクメーヌ号が那覇に来港した。この艦隊は、王府に対して「修好」（交際）と「交易」を要求し、宣教師フォルカード（Theodore-Augustin Forcade）ら二人を残し、数年後に来ると宣言して、去っていった。フォルカードは泊村の聖現寺《せいげんじ》に逗留《とうりゅう》する。

イギリス

二年後、一八四六年四月には、イギリス人宣教師ベッテルハイム（Bernard Jean Bettelheim）が那覇に上陸した。フォルカードの滞在中である。同じ宣教師であっても、フォルカードはカトリック、ベッテルハイムはプロテスタントで、相互の接触はあったが「交流」はなかった。ベッテルハイムは一八五四年まで、波の上の護国寺に九年間も滞在した。どちらも、琉球王府の許可を得ることなく、いわば強行上陸したのである。王府はきびしく監視した。

アメリカ

そして一八五三年五月には、アメリカのペリー（Matthew Calbraith Perry）を艦長とする東インド艦隊が琉球にやってきた。五二年一一月に、アメリカ東海岸の港を出たペリー艦隊は、大西洋を横断し、アフリカ南端の喜望峰《きぼうほう》を回り、インド洋を渡って、シンガポール、上海などに立ち寄ったあと、五三年五月二六日に、琉球の那覇にやって来た。浦賀に行く前のことである。

ペリーの主な目的は、江戸幕府に「開港」を求めることであった。ただ琉球については、ペリーは占領してもいいと考え、本国の海軍長官に提案したが、許可は出なかった。

浦賀での江戸幕府との交渉をはさんで、琉球にたびたび来航したペリーは、王府の反対を押し切って首里城を訪問し、許可を得て「石炭貯蔵庫」を建設した。その間、那覇の民家に侵入した一部のアメリカ水兵による婦女暴行事件（ボード事件）があり、恩納《おんな》間切では少年へのピストル発砲傷害事件を引きおこすなどの出来事もあった。アメリカ側は、しばしば琉球に威圧的要求を突きつけたが、王府の役人たちは巧妙に即答を避け、のらりくらりと返答を先延ばしする対応をとった。

結局は、一八五四年に「琉米修好条約」、翌年には「琉仏修好条約」、五九年には「琉蘭修好条約」を締結した。これらについては、薩摩藩が、戦争してまでも琉球を守る必要はない、琉球独自の判断で結ぶようにと促し、その方針で幕府の了解を取りつけていた。そのおもな内容は、例えば「琉米修好条約」では、琉球をアメリカ艦船の補給基地として位置づけて、来訪するアメリカ人を厚遇すること、適正価格によって物品を取引すること、薪水《しんすい》を供給すること、難破した船員があればその生命と財産を保護すること、島内での歩行の自由を認めること、アメリカ人墓地を保護することなどであった。

日本は各国と「修好条約」を結び、続いて「通商条約」を結んだが、琉球は「通商条約」は結んでいない。

「琉球王国」は「琉球藩」を経て「沖縄県」へ

鹿児島県の管轄に

明治新政府による琉球処遇の第一着手／第一歩は、次のことである。明治政府は、「琉球問題を政治日程にのぼせ、解決にのりだした。まず、政府は一八七一年（明治四）七月の廃藩置県以前に、鹿児島にたいし『琉球管轄ノ沿革調書』の提出を命じ、政府として独自に琉球問題の解決に手をつけようとしていたが、廃藩置県とともにひとまず琉球を鹿児島県の管轄下においた」（金城正篤《きんじょうせいとく》、共著『〈旧版〉沖縄県の歴史』山川出版社、一九七二年のうち）。この段階では、琉球に変化は生じなかった。しかし、ここで琉球は、知らぬうちに「日本」の一部に取り込まれたことになる。

「王国」を「藩」に

第二着手／第二歩は、「琉球王国」から「琉球藩」への移行措置である。「政府は鹿児島県を通じて琉球の入朝をうながし、〔翌年〕九月一四日（一〇月一五日〔こちらは旧暦〕）琉球からの使節一行にたいし、筋書通り、それまで琉球国中山王とよんでいた尚泰《しょうたい》を〈琉球藩王トナシ、叙《じょ》シテ華族《かぞく》ニ列《れつ》ス〉と宣告し、ついで琉球の外交事務を外務省に移管した。こうして琉球藩が設置され、直接明治政府のもとにおかれることになった」（金城）。つまり、「琉球王国」は「琉球藩」とされ、「琉球国中山王」は「琉球藩王」とされた。また、その管轄は、鹿児島県から政府外務省に移された。

なお、「華族」というのは、「族称」（「皇族」「華族」「士族」「平民」の四種）の一つである。「華族」には、「公爵《こうしゃく》」「侯《こう》爵」「伯《はく》爵」「子《し》爵」「男《だん》爵」があり、尚泰は「侯爵」とされた。他の旧藩主とほぼ同様の措置である。

「藩」を「県」に

第三着手／第三歩は、「琉球藩」から「沖縄県」への移行措置である。「一八七四年（明治七）末から翌年にかけて、すでに琉球処分の順序・方法をととのえた明治政府は、一八七五年（明治八）七月、松田道之《まつだみちゆき》を処分官として渡琉させ、政府の処分の方針を伝えさせた。その方針の骨子はつぎの二点にあった。第一は、琉球の清国とのあいだの冊封・朝貢などこれまでの一切の関係をただちに廃止すること、第二は、中央集権国家体制にみあった藩制改革を実行すること、である。この方針の実現のために、鎮台《ちんだい》分営を設置することも令達された」（金城）。つまり、①清国との「朝貢・冊封関係」を断つこと、②新しい日本の体制にあわせて、内政を改革すること、が要求された。③また、熊本鎮台（九州の鎮台はこれ一つだった）の分営を設置すること、いいかえれば軍隊を駐留させることも伝えられた。「鎮台」はのち「師団」と改称される。

「右のような明治政府の〝琉球処分〟の方針を示された藩王府当局は、気も転倒《てんとう》せんばかりにおどろいた。王府内衆官吏は毎日朝から晩まで協議を重ねたが、ただ狼狽《ろうばい》するだけでいい知恵も浮かばないまま、大勢《たいせい》として〝処分〟の令達を拒否することがきまった」（金城）。つまり、琉球側は、この日本政府の方針を拒否して、これまでどおりにしてほしいと「嘆願《たんがん》」したのである。

「松田処分官は、王府当局の執拗《しつよう》な反対と拒否にあって、ひとまず帰京して処分の方針をねりなおしたうえで再び三度渡琉し、一方では王府内の対立をたくみに利用して両者を使いわけながら、ついには軍隊・警察の圧力のもとに、一八七九（明治一二）年三月一一日付で、琉球藩を廃し、沖縄県を設置する旨を布達し、同三一日を限り首里城の明け渡しを命じた（「琉球処分」）」。「沖縄の廃藩置県は、こうして王府支配階級の反対と拒否を押して断行された」（金城）。

ここに「琉球処分」、すなわち琉球藩の廃止と沖縄県の設置が、軍事力を背景に断行されたのである。

琉球人の台湾遭難事件

金城正篤は、第一歩から第二歩に至る間に、「琉球人の台湾遭難事件」があったことを強調している。「ところが、翌一八七二年（明治五）にはいって、琉球問題は急速に明治政府の関心をひくこととなった。それは前年末、琉球船が台湾に漂着し、乗組の宮古の人たち六九人のうち五四人が、その地の原住民に殺害されるという惨事《さんじ》が発生し、このことが、同年四月一三日（太陽暦五月一九日）清国《しんこく》駐在公使柳原前光《やなぎはらさきみつ》から外務省へ報告されてきたからである」。

当時の台湾には、中国人（華人）は多くは住んでおらず、大半は原住民といわれる南方から移り住んでいた人びとの土地であった。彼らは狩猟民族であり、山地に住んでいた。日本はのちに台湾を植民地にすると、かれらを「高砂族《たかさごぞく》」と呼んだ。

「これ［琉球人の台湾遭難事件］を機に、政府内ではにわかに琉球のとりあつかいをめぐって論議された。論議の要点は、琉球の〝日支両属〟の状態をどう是正するか、および日本への統合の順序および方法をめぐってであった」。「政府は一八七四年（明治七）にいたって、ついに台湾出兵を決行したのである」（金城）。なお、「日支両属」とは、琉球が「日本」と「支那」（中国）の双方に属していると捉えた表現で、古くから使われていたが、実際は中国との関係は形式的／儀礼的で、日本が琉球を支配していたとみてよい。

金城は、このように、この「琉球藩の設置」が「大いそぎでなされた」こと、それが「台湾出兵の問題とめまぐるしくからませられた」ことを強調している。

だが、毛利敏彦《もうりとしひこ》『台湾出兵――大日本帝国の開幕劇』（中央公論新社、一九九六年）は、金城とは異なって、次のように述べている。「琉球藩設置方針は、台湾出兵問題とは直接に関係することなく、いわば日本国家統一、つまり近代国民国家として主権が及ぶ範囲である国家領域確定の観点から策定されたのである。日本が明治維新によって前近代徳川国際秩序を清算し、近代国民国家としての自立を選択したからには、琉球民遭難《そうなん》事件があろうがなかろうが、琉球王国との関係を整理再編成して新国家体制内に位置づけ直す作業は、国家統一過程における一段階として遂行《すいこう》されるべくして遂行されたのであり、実際には琉球藩化の形をとったのである」。

私は、こちらの方に親近感を覚える。次節で詳述する。

処分後の沖縄側の不服従と「脱清人」

不服従運動

菊山正明《きくやままさあき》は「沖縄統治機構の創設」（『新 琉球史』近代・現代編、琉球新報社、一九九二年）のなかで「不服従運動」に触れている。

「統治機構の中枢機関として県庁が創設され、さらに旧藩の地方支配組織が県治《けんち》［県政］の下部機構に組み込まれることになったが、県治の機能が即座に活動を開始したわけではなかった。県治の最大の壁となったのは士族層の抵抗であった。その抵抗の形態は兵備を以て県庁に対峙《たいじ》する［武力で対抗する］というものではなく、県政に協力しないという〈不服従運動〉としてあらわれたのである」。つまり、政府が行政組織を整えても、沖縄の役人たちは「不服従運動」をしたのである。

具体的には、以下のようである。①「地方支配組織の役人に 旧職のまま勤務せよという処分官・県令心得の命令に対して、町方の役人は一斉に勤務を拒否した」。②「間切《まぎり》」（のちの町村）に派遣された「県官」（県の役人）が、「旧職のまま 新県治の下部機構となった役所に勤務せよと命じた辞令書」を渡そうとすると、「受理を拒」んだ。③皆が「首里評定所（藩庁）の命令がないかぎり」動かない、とした。④これに対して、「旧藩王」から「命令に従うように」という「布達《ふたつ》」を出させようとしたら、「旧藩庁首脳は……士族層と協議し」て、「不服従の姿勢をくずさなかった」。その決議文には「士民一般 心志《しんし》［意志］を固め、日本の命令を拒絶し、以て清国の援兵《えんぺい》［軍隊が助けに来ること］を待つべし、旧藩王 此布令を発せらるるときは大《おおい》に害あり」とあった（→この布達は結局は出された）。⑤それでも、「那覇の役人は病気と称して自宅に引き籠《こも》り、あるいは所縁《しょえん》［ゆかり］の村里に避難したりする者が続出」した。

とはいえ結局は、「旧藩庁首脳」は折れ、「旧藩吏を諸間切に派遣し 地頭代《ジトゥデー》以下を説諭し 必ず奉命させることを約したのである」。なお、「地頭代」は、琉球の地方役人の一つで、そのトップをいう。

脱清人

西里喜行《にしざときこう》は「〈世替わり〉と旧慣温存」（『〈旧版〉沖縄県史』１・通史、一九七六年）で、次のように述べている。「置県処分直後の組織的な県政不服従運動が警察力による徹底的な弾圧に直面して行きづまったあとも、旧藩支配層の一部は、なお執拗《しつよう》に藩政復旧＝琉球復旧の方向を模索しつづけていた。自力による琉球復旧が不可能である以上、その方法は全面的に清国に救援を依頼する以外にはなかった。かくて、琉球復旧を嘆願することを目的とした清国への政治亡命＝脱琉渡清（脱清《だっしん》）行動がひそかに、しかも執拗に展開されるのである。むろん、脱清行動はすでに琉球処分の過程ではじまっていたが、本格的に開始されたのは、一八八二（明治一五）年以後のことであった」。

西里は「脱清事件関連年表」を掲げているが、それには一八七四（明治七）年から八五（同一八）年までの二一件が示されている。

琉球人の台湾遭難と台湾出兵

あらすじはすでに示したが、ここで「台湾出兵」について、毛利敏彦《もうりとしひこ》『台湾出兵――大日本帝国の開幕劇』（前掲）を中心に、他の関連文献を含めて、ややくわしくみておこう。なお、副題の「大日本帝国の開幕劇」とは、「大日本」という名の「帝国」が「開幕」した（始めた）「劇」（事件）

ということで、「戦争国家」「侵略国家」としての日本が、ここから始まったとしているのである。毛利の表現によれば、「台湾出兵」は「明治維新で発足《ほっそく》した近代日本国家による最初の海外への武力行使」であった。

宮古島民の遭難

一八七一（明治四）年「一一月三〇日（一〇月一八日［こちらは旧暦］、以下同じ）、琉球（現在、沖縄県）の那覇を出帆した六九人乗りくみの宮古島船が、航海中に嵐で遭難し、一二月一七日（一一月一七日）、台湾南端に漂着したところ、上陸のときに三人溺死《できし》、残り六六人は〈牡丹社《ぼたんしゃ》〉と呼ばれた台湾先住部族の襲撃掠奪《りゃくだつ》にあい、五四人が殺害されるという痛ましい事件がおきた。かろうじて逃れた一二人は、現地の清国人官民に保護され、翌一八七二年二月二四日（明治五年正月一六日）、清国福建省《ふっけん》福州《ふくしゅう》に置かれた琉球館に引き渡され、七月一二日（六月七日）、出帆以来七カ月半ぶりに那覇に帰還した」。

日本への報告

「そのころ、外務大丞兼弁務使柳原前光《やなぎはらさきみつ》は、日清修好条規改訂交渉のために清国天津《てんしん》に滞在していた」。「かれは、たまたま一八七二年五月一一日（同治《どうち》一一年四月五日）付け『京報《けいほう》』に現地福建省の責任者から北京の清朝廷にあてた遭難琉球民処置の伺書《うかがいしょ》が掲載されているのを見た」。そこで、五月一九日（四月一三日）付けで外務卿副島種臣《そえじまたねおみ》にあてた報告書」に「当該『京報』を同封した」。「台湾出兵問題に関する従来の著作には、この柳原報告が到着するや日本政府の対応が始動したかのように説明されている場合が多いが、現実はそうでなかったようである」。

そして一八七四（明治七）年五月、政府はついに台湾出兵を決行した。

台湾出兵へ

台湾での事件の知らせが、琉球を経由して鹿児島に届いたのは、一八七二年七月である。これを聞いて、熊本鎮台《ちんだい》鹿児島分営の樺山資紀《かばやますけのり》と、鹿児島県参事大山綱良《おおやまつなよし》は「建白書」を作成した。それをもとに伊地知貞馨《いじちさだか》（鹿児島県人。当時 琉球を担当していた外務省の職員）が東京で熱心に「出兵すべき」という運動を行なった。

大山は、国に軍艦の借用を願い出た。鹿児島県が、出兵するから軍艦を貸せというのは、軍隊などはすでに国に返上していて、自らの軍事力はなかったからである。そして、当時の琉球は鹿児島県が管轄していたから、自ら処理しなければならないと考えたからだった。しかし、新政府としては、「県」が海外出兵をすれば廃藩置県の意味がなくなってしまうので、まず、琉球を鹿児島県の管轄から外すために、「琉球藩」を設置したのである。

日清修好条規

外務卿の副島種臣は、台湾の実情調査を進めた。一方で、一八七一（明治四）年には、日清間で領土不可侵などを約束した「日清修好条規《しゅうこうじょうき》」を結ぶ。その批准書《ひじゅんしょ》交換のときに、清国側から「事件を起こした現地人は、清国政府の教化に服さない〈化外《けがい》〉の民である」という言質《げんち》（後日の証拠となる言葉）を得て、出兵の決断をする。台湾の原住民が「化外の民」（支配の及ばない人びと）であれば、清国に断ることもないとみなされたのである。

副島の台湾調査は、軍事面では樺山資紀が、「民情」については水野遵《みずのじゅん》が担当した。両人とも、のちに台湾総督府の要職を勤めている（戴国煇《タイクォフェイ》『台湾――人間・歴史・心性』岩波書店、一九八八年）。

士族対策

政府が考えていたもう一つのことは、士族対策である。鹿児島県は、戊辰《ぼしん》戦争の戦功を誇る士族集団を多く抱えていた。かれらは、新政府の施策に批判的な立場だった。大山が、そのような県の責任者として出兵を唱えたのは、これら士族を念頭においたものであった。その不満のはけ口として、ある程度の軍事行動が必要だったのである（朝鮮に兵を出す「征韓論」は、政府の見解ではすでになくなっていたので、台湾は格好のはけ口だった）。台湾出兵は、琉球民の殺害への報復という名目を掲げながらも、それだけではなかったのである。

台湾出兵への反対

それでもスムーズには進まなかった。明治政府の台湾出兵計画に対して、琉球当局は再三反対の意思を表明した。また、欧米諸国も非協力的な態度を明らかにした。ようやく、東京品川沖から船が出発した後に、イギリスやアメリカの政府が台湾出兵に批判的であることがわかり、政府は出兵中止を決める。台湾に向かっていた船は、長崎で人と物を降ろす。

しかし、西郷従道《さいごうつぐみち》（隆盛《たかもり》の弟）らは、出兵を中止すれば威信を失ってしまうし、また長崎に集まった兵員たちの反発を買うと考えて、国内船舶と新たに買い入れた船舶によって、出兵を断行した。兵は正規兵と、臨時に募集した「徴集隊」「信号隊」だった。臨時募集の部隊は「殖民兵」（植民兵）と呼ばれていて、戦闘が終了したら、台湾に移住することが想定されていたようである。この募集は不人気で、予定の半分も集まらなかった。

台湾に出兵したこの部隊は、問題の原住民の村を攻撃して、その後に村を焼き払った。日本の戦死者は、負傷後の死亡を含めて一二人にすぎなかったが、その後に問題が起きる。清国が、駐日イギリス公使と駐華イギリス公使を通じて、この日本の出兵を知ったのである。ここに日清両国の軍事衝突の危機が生まれたが、清国は防備が整っておらず、不発に終わった。

台湾での行動

そのようなこともあって、台湾遠征軍は一八七四年一一月まで現地に駐屯することになった。そのため、マラリアによって少なくとも五四八人、そのほか人夫など約一二〇〇人の死者を出した。マラリア対策としては「キニーネ」などの薬も持っていたのだが、量が圧倒的に不足していた。臨時募集の士族兵たちは、病死者が続出するなかで、帰国を願った。また、国際情勢も日本人が台湾に入植することを許さなかったのである。

日清互換条款

大久保利通《おおくぼとしみち》内務卿は清に出かけていって、李鴻章《りこうしょう》（外交の責任者）と交渉した。清国側が日本の海軍力を過大評価したためもあって、かろうじて日本側の面目の立つ講和を結んだ。「北京議定書《ぺきんぎていしょ》（日清互換条款《ごかんじょうかん》）」である。清国が台湾出兵の経費の一部を負担する、日本の出兵を「義挙」（正義のために行なった）と認める、遭難琉球人を「日本国属民」と認める、という内容になっている。琉球が日本に属することの論拠を得たのである。日本は、琉球が日本領であることを清国に認めさせたことになる。

分島改約問題

日本の「台湾出兵」と「琉球処分」に対する清国の反発によって、次のような事態が訪れた。

日中間の解釈のずれ

「明治政府としては、台湾事件の結末としてむすばれた北京議定書において、琉球が〈日本に属する〉ことを条約上でもすでに清朝政府が承認したものと一方的に解釈していた。その解釈の当否はともかく、実際には清朝政府はそうは考えておらず、当の〝琉球〟も、条約の意味を十分認識していなかった。明治政府は台湾事件以後、着々といわゆる〝琉球処分〟の方針をおし進め、一八七九年（明治一二）には……強行的に沖縄県を設置した。その過程で清朝政府は、琉球の進貢使差止《さしとめ》など、明治政府の一方的なやりかたを非難しつづけたが、明治政府は、琉球の問題は日本の内政上の問題であり、清朝政府の言い分をしりぞけてきた。だが、明治政府の〝琉球処分〟に反対する首里王府の救援依頼もあって、清朝政府も執拗にその主張をくりかえし、ここに琉球の所属をめぐる問題は、日清間の外交交渉の焦点となった」（前出、金城正篤）。

分島・改約案

「そして、この外交交渉の過程で日本側から清国側に正式に提案されたのが、いわゆる〝分島・改約〟案である」（金城）。

この案では、「分島」と「改約」がセットにされている。「分島」は、宮古・八重山を清国に割譲《かつじょう》する（譲り与える）ことである。「改約」は、条約の改正ということで、一八七一年（明治四）に締結された日清修好条規の改正を指している。日本は中国に対して、欧米並みに中国内で通商する権利を求めたのである。この二つがセットにされていることは、日本の真の狙いが「改約」にあり、沖縄を分割してでもそれを実現しようということであり、沖縄と沖縄県民のことを軽視／度外視しているとみなされよう。

交渉妥結から廃案へ

「北京における半年余の交渉をへて、〝分島・改約〟案は、一八八〇（明治一三）年一〇月、日本側の希望通り交渉妥結をみるに至り、いよいよ両国代表の調印をまつばかりとなった（「琉球所属問題」）。しかるに、この歴史的、いな、非歴史的な〝分島・改約〟案は、たまたま清国とロシアの国境問題が好転解決したという事情もあって、清国側の遷延《せんえん》［引き延ばし］策にあって調印されないまま、ついに廃案となる」（金城）。

西里喜行《にしざときこう》の「分島改約案」についての論はこうである（共著『〈新版〉沖縄県の歴史』山川出版社、二〇〇四年）。結ばれた条約を、西里は「琉球分割条約」という。その時は「一〇日後」に調印するということだったが、琉球の当事者は「条約調印阻止に立ちあが」り、うち「北京滞在中の林世功《りんせいこう》は北京の総理衙門《がもん》宛に決死の請願書を認《したた》め」、自決した。これらを承けて、清国側の交渉代表者である「李鴻章《りこうしょう》はついに条約調印延期・反対論者へ豹変した」。明治一四年三月、清国皇帝により「条約調印の延期と再交渉」が命ぜられた。総理衙門は対日強硬論、李鴻章は対日妥協論という不一致が現れたりしたが、「一八八〇年代後半の日清修好条規改訂交渉から九〇年代前半に至っても、琉球問題は日清外交の懸案事項として位置づけられ、日清戦争へ至る導火線の一つとなり続けたのである」。

第3話

「琉球処分」をどうみるか

徳川幕府が倒れて明治新政府が誕生した。その流れの中で琉球王国が廃止され、いったんは「琉球藩」が置かれたが、その藩も廃止されて「沖縄県」とされた。このことを「琉球処分」といっている。これは明治政府の名づけた呼び方である。この過程で琉球側の意思はいっさい無視され、日本という国の都合だけで、しかも強権的に実施された。琉球の内部、少なくとも政権の中枢は「処分反対」が主流であった。

したがって、「琉球処分」は多くの研究者によって批判的に論じられてきたことは、そのかぎり、当然のことであった。しかしながら、琉球/沖縄が日本に帰属することは、そうなるべくしてなったのであり、それによって沖縄は新しい時代、近代という時代に参加していったのである。歴史事象の二面性を見失ってはならない。

「琉球処分」の強権性を批判する裏側で、日本への帰属決定を問題視し、ひいてはそのことから「琉球独立論」にもっていく議論については、大いに疑問がある。

伊波普猷の「琉球処分」論

「琉球処分は一種の奴隷解放なり」

伊波普猷《いはふゆう》は、論文「琉球処分は一種の奴隷解放なり」（一九一四年）を書き、また、「南島史考（琉球を中心としたる）」（一九三一年）の中で「余は琉球処分は一種の奴隷解放なりと思ふ」と述べている。同じような言葉を、「孤島苦の琉球史」（一九二四年）においても、「私はかつて琉球処分は一種の奴隷解放であるといったことがある」といいつつ、「三百年間の奴隷制度に馴致《じゅんち》された［馴《な》らされた］当時の琉球人は、折角《せっかく》自由の身になったが、将来の生活が如何に成行《なりゆ》くかを憂ひて、非常に悲しんだのである」、「幸福以上の或物を与へられて、その有難みを知らないのが、奴隷の奴隷たる所以《ゆえん》であろう」と述べている。

また、戦後に書いた「沖縄歴史物語」（一九四七年。伊波の文献はすべて『伊波普猷全集』平凡社に収録されている。なお、この「沖縄歴史物語」は、平凡社から一九九八年に文庫版が出ている）でも、「著者は琉球処分は一種の奴隷解放だと思っている。ところが三百年間奴隷制度に馴致された沖縄人は、せっかく自由の身になったのに、将来の生活がいかに成り行くかを憂い、泣き悲しんだということである。実際人間は、導かるべき理想の光りを認めることが出来ず、また進むべき標的《ひょうてき》を見出しかねる場合には、自由を与えられて、かえって悲哀を感じ、解放されてかえって迷惑に思うものであるが、彼等もまたいったん解放された小鳥が、長い間その自由を束縛していた旧制度を慕い、その回復を希《ねご》うて已《や》まなかったのである。けれども彼等は、否応《いやおう》なしに、新制度のなかへ引きずり込まれてしまった」。

もちろん、「琉球近世」の社会を「奴隷制度」と表現することは、「奴隷」という言葉の本来の意味からは遠ざかっている。

その評価

われわれが伊波の記述から受けとめるべきは、①琉球の近世社会を否定的に捉えて、その改変が必要だとしていること、②「琉球処分」は、その改変の契機《けいき》（きっかけ）となると捉えていること、この二つであろう。そのかぎり、私は伊波の議論を支持する。ただ、伊波は、琉球近世の社会を、何ゆえに改変が必要だったのかという点の理解については、私とはズレている（拙著『琉球近世の社会のかたち』日本経済評論社、二〇二二年）。

伊波は続けて、「この時、黒白党の争いは絶頂に達した」と述べている。「黒党」（頑固党）は保守派で「処分」反対派、「白党」（開化党）は進歩派で「処分」同意派のことを指している。「七〇年後［一九四七年］の今日日本の国語政策が成功して、国民精神が高潮し、しかも日本からの解放を喜ぶ黒党の［が］一人も生き残っていない」ことを指摘している。

これには、後の日清戦争（一八九四〜九五年）による日本の勝利という事態が大きく影響した。清国に頼って日本に対抗しようと考えていた「黒党」の主張が成り立たなくなり、沖縄の人びとの多くも、日本への一体化に靡《なび》いていったのである（第8話）。

仲原善忠の「廃藩置県」論

仲原善忠《なかはらぜんちゅう》は、『琉球の歴史』（中学校の社会科副読本、琉球文教図書、一九五二・五三年。全集版にも収録されている）で、沖縄の廃藩置県について、次のように論じている。

それは改革であった

「沖縄の廃藩置県は、これ［日本の明治維新と廃藩置県］にくらべると、その性質がたいへんちがいます。ここ［琉球］では、改革の中心は、沖縄の下層社会――百姓、下級士族――ではなく、とおい所にある東京の新政府［明治政府］です。そして、それは政府の命令と、旧政庁を中心とする人々の嘆願文のやりとり、政府官吏の説明と三司官等のべんかい［弁解］があっただけです。一発の銃声もきこえず、一人の死傷者もありません。革新的の情熱は、政府［明治政府］の官吏にあっただけで、沖縄自身からはもえあがっていません。……沖縄県は、ざんねん［残念］ながら、このような状態から出発しました」。

ここには、仲原が、「沖縄の廃藩置県」すなわち、琉球王国から沖縄県への移行という問題について、①これは「改革」であったこと、②しかし、その「改革」は、沖縄側には主体性はなく、日本側に主導されたこと、③「改革」でありながら、外から与えられた「改革」であり、そのことは「ざんねん［残念］」なことであった、ととらえていることが示されている。

仲原の伊波論

仲原善忠はまた、「沖縄歴史の考え方」という文章の中で、「廃藩置県の問題」を論じている（『仲原善忠全集』第一巻、沖縄タイムス社、一九七七年）。このなかで、伊波の「琉球処分」論を取り上げて、批判している。

まず、過去の研究者の議論を次のように批判する。「『沖縄一千年史』［真境名安興《まじきなあんこう》著］は尚泰王《しょうたいおう》紀［に］二二頁を費《つい》やしているにもかかわらず、廃藩置県についてはその表面的事実をたんたんと叙述しているに過ぎません。喜舎場朝賢《きしゃばちょうけん》の『琉球見聞録』は多少踏み込んで民衆の動向にも触れてはいるが、その歴史的意味をとらえることは出来ていません。伊波普猷氏だけが、歴史的意味を考え、琉球処分、廃藩置県は、奴隷解放と痛快に喝破《かっぱ》しています」。

しかし、伊波の議論には問題がある、と次のように述べている。「廃藩を〈奴隷解放〉だと規定したコトバの響き［に］、われわれは注目させられます。しかし、伊波氏のいう奴隷が、数百年、抑圧されて来た百姓ではなく、国王以下の貴族を指すことを知ると失望します。すなわち〈琉球にはつい三十六年前まで王冠、紗帽、紫巾、黄巾、紅巾、青巾など色々の冠をいただいた美しい奴隷が数限りなくいた訳である〉（琉球見聞録再刊にあたりて）と言う」。仲原の反論は、こうである。「王以下これらの有位者は、沖縄の支配者であり彼らの下にはその数倍の人民がいるのであります。伊波氏は私が尊敬する学者の一人であります。［しかし］氏の指す奴隷は、王以下の貴族、士族以下一群の支配者であって、大多数の人民、それこそ本当の農奴の位置にあった人びとには氏は思い及んでいないのであります」。つまり、解放された奴隷／農奴は、伊波のいう「支配者」ではなく、

「大多数の人民」であったとすべきだというのである。そして、この「廃藩置県」は、「最下層の農民から見ると、二重、三重の政治的抑圧、経済的収奪から解放され、数百年ぶりに初めて人間としての権利を取り戻した、深い意味を持つものであります」といい、廃藩置県をきわめて積極的に評価している。

仲原は、ただ、「解放」は、その「端緒が開けただけで、すぐ実現したわけではない」と付け加えている。「廃藩によってわが沖縄は、島津の政治的支配から解放される、と同時に、被支配者たる住民の大部分は、王庁という封建支配からも解放されます。

しかし解放は遅れる

しかし税制も、土地制度もそのままでありました〔旧慣の存置、非改革〕。ただ、解放の端緒が開けただけであります」。「……事実大多数の農民が土地所有者となりえたのは明治二六年〔三六年〕でありますそして地方制度が改正されたのは実に明治四〇年であります。私は、沖縄の農民が農奴的境涯を脱したのは、明治二六～四一年だったといいたい。一二年の廃藩にはその第一歩を踏み出したにすぎません」。

仲原は、琉球近世の社会を、「農奴」である民衆が抑圧され収奪されていた、「封建支配」だと捉えているが、これは実態から離れた、教科書的な、硬直的な理解といわざるを得ない（拙著『琉球近世の社会のかたち』）。その点では、留保すべきであるが、伊波への批判としてはやや当を得ているように思われる。

仲原は、琉球側に「主体的な力がなかった」ことを、次のように表現している。「ペリーを中軸として一時外国人が盛んに沖縄に来ました。にもかかわらず世界の形勢に対する自覚が全然ないのです。沖縄の社会は、刺激に何の反応を［も］おこしていません。この人々は、歴史変革の新しい段階に何も気づいていないのです。明治維新の大変動について、なんらの反応もないのです」。この着眼点は、支持できる。

琉球に主体的な力なし

比嘉春潮の「廃藩［置県］」論

比嘉春潮《ひがしゅんちょう》『沖縄の歴史』（沖縄タイムス編『比嘉春潮全集』第一巻、一九七一年。初出は一九五九年）は、次のように記している。

いろいろと述べてきて、「これでは世界の大勢はもちろんのこと、日本の新情勢について、［琉球の側には］なんの理解も見通しもなかったと見る外はない。薩藩が鹿児島県に代ったことも、徳川幕府が明治政府にかわったことも、単に交渉相手がかわっただけと見ていたようである。琉球王国はいつまでも琉球王国であり得ると考えて、ただ中国との封貢［朝貢冊封］関係に故障が起りはしないか、それだけを心配していたようである」という。

比嘉はいみじくも、琉球側の対応が、時代に即したものではなく、時代の変化についての認識が欠けていたことを指摘している。

新里恵二の「琉球処分」論

その後の歴史的進歩の礎石を築いた

新里恵二《しんざとけいじ》は、『沖縄史を考える』(勁草書房、一九七〇年)に収録された諸論文の中で、「琉球処分」をも論じている。

「島津の琉球入りと琉球処分の評価」では、まず、仲原善忠の見解を検討して、「琉球処分についての研究成果としては、現在のところ、仲原氏の研究が最高の水準にあるもの、と思われる」としつつ、「置県処分に反対したのは主として上層支配階級で、農民たちは、むしろ、置県処分に期待をよせていたことを明らかにされました」と述べている。ただ、「仲原氏は、琉球王国の支配階級の反動性と明治政府の進歩性(開明性?)とを、対照させて論じて」いるが、明治政府の対琉球政策を、……手放しで肯定するのには、残念ながら同意できない」と留保をつけている。

この点については、私も新里に同調する。

新里は、琉球処分にも「進歩の側面もあった」という。また「琉球処分が、沖縄の資本主義経済圏への組み込みと、近代的国民国家への統合をもたらしたことは、その後の歴史的進歩の礎石をすえたことで、歴史的に高く評価さるべきことだと思います」、「明治政府が、古い琉球王国を解体させ、沖縄に内発的な変革をおこさせたこと、この変革が、歴史的・相対的には、一つの進歩であったことは否定できません」としている。

この点についても、私は新里に同調する。ただ、「明治政府が、古い琉球王国を解体させ、沖縄に内発的な変革をおこさせた」としている点については、「解体」はさせたが、「内発的な変革」を導きだしたとはいえないと考える。

上からの民族統一

新里は「沖縄の廃藩置県――本土への統合の二つの道」では、「琉球王国は、軍隊と警察の出動と威嚇《いかく》をともなう明治政府の腕ずくの強行処分によって、ここに脆《もろ》くも亡びさり、沖縄県が誕生したのである」としていて、新里はこのような「強行」されたものではあるが、つまり「上から」ではあるが、「上からの民族統一」との見方にまとめている。新里は、琉球処分を、「上からの」強圧によって実施されたこと、それでも、それは琉球人民の日本民族への統合をもたらしたというもう一面を押さえる必要を説いている。

ただ、「琉球処分が、沖縄の資本主義経済圏への組み込みと、近代的国民国家への統合をもたらした」という点は、その契機を与えたに留《とど》まると修正すべきであろう。この点は、仲原が「端緒が開けただけで、すぐ実現したわけではない」と述べて、それは土地整理事業（明治末）まで待たねばならないとしていたとおりである。

新川明の「琉球処分」論

制度的差別を押しつけた

新川明《あらかわあきら》は、「沖縄近代史研究の一視点——謝花昇・伊波普猷をめぐって」(『反国家の兇区』現代評論社、一九七一年。初出は七〇年)において、謝花や伊波らが「沖縄の側から《民族統一》、すなわち日本国民としての等質性を希求するエネルギーの噴出」をさせたとし、「それを《内発的》に噴出させたのは、ことわるまでもなく天皇制明治国家が、〈琉球処分〉によって沖縄に対して押しつけた〈制度的差別〉をともなわせた過酷な収奪、人権無視の抑圧など専制的な圧政という政治的、経済的、社会的、文化的もろもろの外的条件であった」と記している。

これは、「琉球処分」を正面から論じた個所ではないが、新川の「琉球処分」観がにじみ出ていると受けとれるので、ここでとりあげることにする。

ここには、「琉球処分」は、①沖縄に「制度的差別」を「押しつけた」、②「過酷な収奪」を行った、③「人権無視の抑圧」もあった、となっている。

しかし、私にはそれらの具体例が思い浮かばない。①「制度的差別」とは、いわば「本土並み」にしようとはせず、「旧慣」を残し続けたことを指しているのであろうか。②日本政府は沖縄から「過酷な収奪」をしたとは、私には思えない。③「人権無視の抑圧」とは何のことだろうか。

また、新川は、「〈復帰〉思想の葬送――謝花昇論ノート1」（同上書）において、次のようにも述べている。

「ほとんど時間をはかることが不可能ともいえるほどの長い時間の経過を、独自の文化圏として、独自の国家形成を持続してきた沖縄が、大和政権によって成立してきた日本に対して保ってきた歴史的な相関関係を冷静に踏まえたうえで、その関係が明治政府による〈琉球処分〉によって決定的に破られ、日本の辺境の一地方県として取り込まれた時以後の、沖縄の近代化＝日本化＝皇民化過程における沖縄人の、日本に対する対応の仕方（内面的な、そして内面的な精神志向の表出として表面的な）を、いや応なく考えつめないわけにはいかないのである」。

琉球は独自の国家を形成した

ここでは、次のような理解／解釈を提示している。①琉球／沖縄は、「独自の文化圏」として、また「独自の国家形成を持続してきた」、そこに琉球／沖縄が「日本に対して保ってきた歴史的な相関関係」が成立していた、②それが「琉球処分」によって「決定的に破られ」て、「日本の辺境の一地方県」とされた、③それは「沖縄の近代化＝日本化＝皇民化過程」だと理解できる、④そのため、「沖縄人の、日本に対する対応の仕方」を「考えつめ」る必要があろう。

①については、琉球／沖縄は、日本とは別の国家であったのであるから「独自の国家形成」とはいえようが、それはしかし琉球／沖縄の「主体的な国家形成」といえるものではなく、当時の東アジア情勢に対応して、中国（明）によって作られ、それに奉仕するものとして形成されたものであった（拙著『琉球王国の成立と展開』）。②「琉球処分」によって「破られた」のは、「輝かしい琉球／

沖縄という国」が、ではなく、「中国に形式的に従属し、薩摩藩に実質的に従属していた琉球／沖縄という国」が、である。この琉球王国は、自立していた国家ではないのであって、当時の状況の中では、その「自立」の基盤はもともと弱小なものであった。それを、それまでも実質的に支配していた薩摩藩が、形式的にも支配することにしたのが「琉球処分」である。その薩摩藩は、この時すでに「日本の一部」となり、その中心的な勢力となっていた。それと同様に、琉球／沖縄も「日本の一部」に位置づけられたのであり、「日本の辺境の一地方県」とされたのである。この場合、「辺境」というのは、その地理的位置によるものであろう。③それは「沖縄の近代化＝日本化＝皇民化過程」だ、というのは間違いなかろう。私はこのうち「皇民化」は受け入れがたいが、「近代化」は受け入れたい。また、「日本化」も、それが「皇民化」であるという側面では受け入れがたいが、それが「近代化」であるという側面では受け入れたい。

かくして、新川の論は、琉球／沖縄の近世段階の社会のかたちについての、事実に立脚しない、幻想を伴う賛美があり、その視点からの「琉球処分」論になっている、ということができよう。

新川には、『琉球処分以後』（朝日新聞社、上・下、一九八一年。初出は一九七一年）もある。そのなかに、私が新川の前著について、新川は「過酷な収奪」を行った、というが、「私にはそれらの具体例が思い浮かばない」とした、そのことにかかわる話が出ている。

金城正篤の「琉球処分」論

金城正篤《きんじょうせいとく》は「琉球処分」について、次のように述べている〈共著『〔旧版〕沖縄県の歴史』山川出版社、一九七二年〉。

まず、日本での、徳川幕府の崩壊と、明治維新政府の成立を述べ、「このような日本本土におこった政治的・社会的な歴史のうねりは、早晩《そうばん》、〝琉球王国〟の岸辺に打ち寄せてこずにはおかなかった。だが、この時期の王国の支配者は、いま日本国内でおこっている社会的な激動の意味を、理解していなかった」。

この点は、仲原・比嘉の理解と響き合っている。つまり、当時の琉球には、内から社会を改変しようとする力はなかったのである。日本が変わり、中国が変わる〈欧米列強のもとに半植民地化が進む〉のに、それに対応する内からの改変への取り組みがなかったのである。

金城は、すでに見たように、「琉球処分」、すなわち琉球藩の廃止と沖縄県の設置が、軍事力を背景に断行されたことを指摘し、「沖縄の廃藩置県は、こうして王府支配階級の反対と拒否を押して断行された」と述べている。ただ、その「反対と拒否」は、情勢の把握の上に立ったものではなく、単に「守旧」のためだったのである。

なお、この「沖縄の廃藩置県の特質」として、①「他府県の廃藩置県」の筋道から外れたものではなかっただろうが、「対清国関係の廃絶」という「対外的問題」に「大きく規定され」ていた点が異なる、②「廃藩置県」に続けて行われるべき「改革」が「意識的におくらされている」こと、を指摘している。このうちの②が、いわゆる「旧慣温存政策」とされるもので、のちに触れる（第4話）。

西里喜行の「廃琉置県処分」論

西里喜行《にしざとききこう》は、共著『〈新版〉沖縄県の歴史』（山川出版社、二〇〇四年）で、「琉球国から沖縄県へ——世替わりの諸相」を書いている。

まず、琉球の帰属に関しての、欧米列強による「国際的干渉」が「はじまった」ことを述べ、それを「広義の琉球処分」の「はじまり」としている。次に、「明治五（一八七二）年九月一四日、一方的に琉球王国を琉球藩とし、国王を藩王と称して尚泰に冊封証書《しょうしょ》を交付した」。これが「第一の布石」であった、という。その後、準備された「第二の布石」は、「台湾出兵」である。「日本軍の台湾出兵を契機に、日本と清国は開戦の危機に直面した」が、「北京議定書（日清互換条款《ごかんじょうかん》）」を締結し、開戦には至らなかった。この議定書に「台湾出兵を〈保民の義挙〉、遭難琉球人を〈日本国属民〉と明記させ、間接的に〈琉球＝日本専属〉論の論拠を獲得するに至ったのである」。

ここから「琉球処分」（西里は「廃琉置県処分」と呼ぶ）の過程にはいる。経過の記述は略する。

「五〇〇年にわたる琉球王国の歴史は、ここに名実ともに消滅したのである（琉球王国から琉球藩への解消を経て沖縄県の設置に至る措置を〈廃琉置県処分〉と称することにする）」。西里の趣旨は「琉球（王国）」が廃止されて「沖縄県」が置かれたということであろうが、「廃琉」に対応するのは「置沖」であろうし、「置県」を採用するなら、「廃国」とすべきであり、日本語の表現として落ち着かない。それに、当時正式に使われた「琉球処分」という表現を改める理由が見当たらない。また、「廃琉《はいりゅう》置県《ちけん》が内外に布告され」た、と述べているが、これは「布告」されたものを当時の文言で表現するのではなく、自らの好みによって表現しているという点で、いわば歴史の偽造となっている。

西里は、「琉球処分」をもっぱら否定的に捉えている、といえよう。

安良城盛昭の「琉球処分」論

安良城盛昭《あらきもりあき》は『新・沖縄史論』（沖縄タイムス社、一九八〇年）の中に、「琉球処分論」を収めている（初出は一九七八年）。

版籍奉還なき廃藩置県

安良城が強調するのは「版籍奉還なき廃藩置県」という点であり、この「論点は、これまでの沖縄近代史研究によって、戦前・戦後を通じて全く取り上げられることのなかった視点であるだけでなく」、琉球処分の「四つの特質」を生み出した「という意味で、琉球処分の特質を考える上で要《かなめ》ともいうべき不可欠の視点と考えられる」としている。

なお、「四つの特質」とは、第一、「版籍奉還の歴史過程を欠如したまま、廃藩置県が強行された」こと、第二、「明治政府の軍事力・警察力の行使による強圧によって……強行された」こと、第三、「分島改約案」のように、「置県後の領土が外交上の取引の具となった事例は他に全く存在しない」こと、第四、「琉球処分後の旧慣改革が極めて遅々たるものであったこと」だという。

さて、「版籍奉還なき廃藩置県」に進もう。版籍奉還のあった日本では、「版籍奉還が廃藩置県という権力の実質的な中央集権の平和的な達成を可能ならしめた歴史的前提であり、その現実的出発点であった」。ところが琉球では、版籍奉還を欠いたため、「平和的」には展開せず、明治政府による強圧的な形で行われたのである（第二の特質）。「強圧的な形でおこなわれた」という論点については、ほとんどすべての論者に共通に見られるものであるが、安良城は、その淵源／根源としての「版籍奉還の欠如」を指摘したのである。

琉球はそれまで「島津の領分」であったのであり、島津氏がその版籍を奉還したのであるから、その奉還した版籍の一部として琉球も含まれていたとも考えられるが、そうとは「みなしがたい」、つまり、島津氏の手を離れたものの、琉球は明治政府の領有とはならなかった、という。

また、版籍奉還は、幕末の各藩が行使した「西欧列強と直接の外交・通商交渉」が解消され、その権限が明治政府に回収されることを伴った、しかし、琉球の進貢貿易については、「積極的に公認しないまでも ともかく容認し」た、という。

このように、安良城は、琉球王国のあり方が日本の各藩と異なっており、そのことがまた「版籍奉還の欠如」をもたらしたというのである。

その評価

そのとおりである。しかし、琉球王国のあり方が日本の各藩と異なっていたことは、自明のことであり、すべての論者が踏まえていることとしていい。したがって、琉球の「廃藩置県」が、日本の各藩のそれと異なったものになることも自明のこととしていい。

関連して、安良城は次のことも指摘している。日本では、幕末において、各藩は「幕末政争・戊《ぼ》辰《しん》戦争による厖大《ぼうだい》な財政負担」を抱え、「過半の藩では藩体制の存続・維持がもはや不可能な状態にまで立ちいたっていた」こと、また、「幕末以降激化の一途をたどった百姓一揆・世直し騒動の激発によって民衆支配すら容易ではない政治的・社会的危機状況におちいっていたこと」、である。「これに対して、琉球王国の事情は全く異なっていた」。つまり、「琉球王国が幕末・維新の激動の政局のなかで、まったく局外にあったこと、したがって戊辰戦争等の戦費の負担は一切存在しなかったのであ」る。そのうえ、あった借金も、「廃藩置県に際して全額返金を免除」されたりしていて、「財政難から、したがって上から、藩解体＝版籍奉還を余儀なくされる状況は、琉球藩には存在していなかったのである」。「しかも、他方、琉球藩内においては、……下からの要因によって、藩体制の解体が必然化される状況も、……全くといってよい程存在しなかった」のである。

このこと、すなわち、琉球が戊辰戦争に関わっていないこと、「百姓一揆がなかった」ことも、自明ではなかろうか。

安良城はもともと、薩摩藩支配下の琉球王国の性格について、当初（一九六七年）は「特殊な藩」

としていたが、ここで検討した「琉球処分論」（一九七八年）では、藩であることを否定して、「藩に近い」「半国家的＝疑似国家的存在」に修正した。安良城は、藩ではないがそれに近いといい、国家であることも否定して「半国家」「疑似国家」とし、その独立性を否定的に評価している。これは、日本＝幕藩体制に含まれていることを重視していることになる（拙著『琉球近世の社会のかたち』第1話）。

つまり、琉球を日本の一部として見る目があって、そのために、他の藩と異なる点に注目しているのである。しかし、他の藩と異なることは、大方の琉球史家には自明のことであり、安良城の指摘が新境地を開いたものとはいえないのではなかろうか。

琉球には社会の激動に対応する人びとはいなかった

これまでの議論で、まず注目されるのは、日本社会が激動期を迎え、欧米列強が中国、そして日本に押し寄せてきているという、この時代の状況に対応して、自ら働きかける、行動を起こす人びとは、琉球にはいなかった、という点である。

仲原善忠は「革新的の情熱は、政府［明治政府］の官吏にあっただけで、沖縄自身からはもえあがっていません」といい、また「ペリーを中軸として一時外国人が盛んに沖縄に来ました。にもかかわらず世界の形勢に対する自覚が全然ないのです。沖縄の社会は、刺激に何の反応を［も］おこしていません。この人々は、歴史変革の新しい段階に何も気づいていないのです。明治維新の大変動について、なんらの反応もないのです」とも述べている。

比嘉春潮は「日本の新情勢について、〔琉球の側には〕なんの理解も見通しもなかったと見る外はない。薩藩が鹿児島県に代ったことも、徳川幕府が明治政府にかわったことも、単に交渉相手がかわっただけと見ていたようである」と述べている。

金城正篤も、「このような日本本土におこった政治的・社会的な歴史のうねりは、早晩《そうばん》、〝琉球王国〟の岸辺に打ち寄せてこずにはおかなかった。だが、この時期の王国の支配者は、いま日本国内でおこっている社会的な激動の意味を、理解していなかった」と述べている。

この点は、私が前著『琉球近世の社会のかたち』でまとめたことと対応していることに注目いただきたい。

私の「琉球処分」再評価論

ここに私の意見も書き添えよう。

歴史はジグザグに進行する。琉球処分のように、軍事力・警察力を背景に、強権的に執行されたことであっても、負の側面だけをみるのは一面的である。また、討幕派の勝利のように「あるべきだったこと」でも、前向きの評価ばかりでは一面的である。討幕派は、徳川幕府を倒しただけでなく、一時は行動を共にした仲間たちを冷たく突き放すこともあった。百姓一揆に対しても、厳しく弾圧したりしている。

ここでは、琉球処分がなかったら、琉球／沖縄はどうなっていただろうか、という問題に絞って論じてみたい。

それには、当時の琉球の社会をどのようにみるかが前提となる。琉球は基本的に日本（薩摩藩）に支配されていて、江戸幕府はそのことを承認していた。江戸のぼりを強制され、薩摩藩には貢納していた。また、細かな干渉はないとしても、基本的な面は薩摩藩に管理されていた。一方、清国に対しては、朝貢し冊封を受けていた。清の皇帝を仰ぎ、その皇帝によって琉球国中山王に任命されていたのである。朝貢の時の貢物はそれより高価な返礼品がもたらされた。そして、随行員は私的な貨物を持って行って販売することが許されており、それぞれが稼ぐ場でもあった。そのような対外関係とはほとんど関係なく、琉球の人びとは貧しい暮らしをしていた。自給自足で、生産物を商品として売ることはなく、したがって貨幣はあってもそれはほとんど流通していない。

このような社会は、いずれ変革されねばならなかったであろう。それは内からできただろうか。否、である。仲原善忠も比嘉春潮も金城正篤も述べていたとおりである。金城は、別の個所でも次のように述べている。「むろん、これらの諸条件［外国勢力の進出と、それへの対応を含む「日本国内の政治的動向」］を自覚的・主体的に受けとめ、それをあるべき方向へおしすすめて行く政治的主体が形成されるまでには至っていなかった」（『〈旧版〉沖縄県史』２・政治、一九七〇年）。したがって、琉球の場合は、その変革が「外から／上から」の力で、つまり琉球処分という強権的な措置によって、その契機をつかまされたとしていい。

その背景には、欧米列強のアジア・日本への進出という流れがあった。その影響が琉球だけには及ばないというようにと考えることは、むつかしい。そのような欧米列強の進出を受けて、日本も変わらざるを得なかった。経済の面での社会の変化はそれなりに進んでいたものの、政治の構造が先に変革の時期を迎えた。徳川幕府は倒れ、明治政府が生まれた。日本は、欧米の圧力を受けつつも、かなり主体的に対応し、植民地になることを回避したといっていい。

しかし、琉球では王府も人びとも、その影響を予測して、主体的に対応する力はなかった。世界が変わり、日本が変わっていったのに、琉球自体では何も動くことはなかったのである。琉球が主体的にこのような変化に対応できなかったことは、外の力で対応させられるという結果を招いた。琉球処分はそのような外からの力が及んだものだった。

琉球処分という「強圧」、強い圧力がなければ、琉球という社会はなかなか変化・発展しなかったであろう。琉球処分は、そこに改変の契機をもたらしたのである。

琉球処分が強権・強圧によるからといって、それを批判するだけではなく、そのことが契機になって、琉球／沖縄の歴史は展開していくという、もう一つの側面をとらえることが必要なのである。

第4話

「旧慣」はなぜ残されたか

「琉球処分」（沖縄における「廃藩置県」）が布告されてまもない一八七九（明治一二）年六月二五日づけで、明治政府管轄下の沖縄県は次のような「布達《ふたつ》」を出した。いわゆる「旧慣温存／存続」の方針である。「諸法度《はっと》之義、更ニ改正ノ布告《ふこく》ニ及ハサル分《ぶん》ハ、総《すべ》テ従前ノ通相《あい》心得可申《もうすべく》、此旨《むね》布達候事」。すなわち、「法度」（法制）のうち「特に改正しないことについては、これまで通り」とされたのである。

ここには「旧慣」という語はないが、前の時代から続いていた法制や慣行のことを「旧慣」という。具体的には、地方制度（間《ま》切《ぎり》・島・村）や土地制度（地割制度）や租税制度（負担の単位は間切・村などの団体であって、個人や世帯ではなかった）のことである。それを改変することはせず、しばらくは以前のままにしておくことにしたのである。それから約二〇年間、この方針が基本的に維持される。

それ（旧慣）はなぜ残されたのだろうか。

安良城・西里論争

これを「旧慣温存政策」といい、「温存」という点に力点を置く見方があった。それは、日本国は自らの利益のために、沖縄を犠牲にして、積極的に「旧慣」を残すことにしたという理解に立っているが、安良城盛昭《あらきもりあき》に批判された。

批判の対象になったのは、田港朝昭《たみなとともあき》、金城正篤《きんじょうせいとく》、西里喜行《にしざときこう》の諸論考である。①『〈旧版〉沖縄県史』1・通史（一九七六年）、②同2・政治（七〇年）、③同3・経済（七二年）、④同別巻・沖縄近代史辞典（七七年）、⑤『那覇市史』二（七四年）。

安良城の論考は、①「『旧慣温存期』の評価——金城正篤・西里喜行氏の見解の吟味《ぎんみ》」（「沖縄タイムス」七七年七月一三〜一六日）、②「『旧慣温存期』の評価・再論——西里喜行氏の反論にこたえて」（「沖縄タイムス」七七年一〇月一一日〜一一月二七日）であるが、これらは『新・沖縄史論』（沖縄タイムス社、八〇年）に収録されている。

西里は、これに反論して、①「沖縄近代史研究の視点と論点——安良城盛昭氏の問題提起に寄せて」（「沖縄タイムス」七七年八月二三日〜九月八日）、②「沖縄近代史像の再構成・試論——安良城盛昭氏の再批判によせて」（「沖縄タイムス」七八年六月六〜一六日、八月二四日〜一〇月一日／『琉球大学教育学部紀要』第二三集第一部、七九年一二月）を発表した。これらは、のち『沖縄近代史研究——旧慣温存期の諸問題』（沖縄時事出版、八一年）に収録された。

国は沖縄から収奪したか

安良城によれば、「金城＝西里説」の「基本的枠組」は次の二点にある。

第一点は、「明治政府は、財政・経済政策全般のなかで、沖縄県を日本資本主義の本源的蓄積のための重要な財源創出地として位置づけていた」（『〔旧版〕沖縄県史』3。以下、「県史3」のように表記する）、その裏づけとして、「旧慣温存期」の「国税徴収額」（県から国へ）と「国庫支出の県費」（国から県へ）を比較して「国税徴収額は国庫支出の県費をうわまわり年々その差額（＝収奪額）は増加傾向をたどった」（同上）としていることである。

ここで「本源的蓄積」というのは、「原始的蓄積（原蓄）」ともいうが、資本主義的生産様式（資本主義経済）がまだ成立していない段階で、その成立に向かう蓄積をいう。すなわち、資本主義的生産様式のもとでの資本主義的蓄積は、資本家（生産手段の所有者）と労働者（そのもとで雇われて働く人びと）に階級が分かれていて、そのことを基礎として、資本家は剰余価値（利益）を獲得し、その剰余価値を資本に転化する（生みだされた利益を再投資する）ことが進み、「蓄積のための蓄積」が展開するのである。これに対して、本源的蓄積はそのための前史、条件づくりをいう。つまり、このような資本＝賃労働関係を創り出す過程、働く人びとから土地・機械機具などの生産手段をはぎ取る／分離する過程、生産者と生産手段との歴史的な分離過程である。例えば、百姓は土地という生産手段の所有から排除されて「無産者」（生産手段を持たない者）となる。

「金城＝西里説」は、安良城によれば、「原蓄政策を追求する明治政府が積極的にとった、沖縄収奪政策」（傍点は安良城）だ、ということになる。

これについて安良城は、統計表を掲げて「西里氏の指摘とは全く逆に、〈旧慣温存期〉の国税徴収額と国庫支出県費は、全体として国庫支出県費が国税徴収額を上廻っているのである」（傍点は安良城）といい、結論として「収奪」という議論が成り立たないと指摘した。安良城も西里もともに「沖縄県における国庫収支」を比較して、そのプラス・マイナスを検討している。これを安良城は「赤字（歳出超過）」といい、西里は「旧慣温存路線が選択、定置された」時期までは「黒字（歳入超過）」だという（いずれも国から見ての赤字・黒字）。

これらを踏《ふ》まえて、安良城は「金城＝西里説によれば、〈旧慣温存政策〉は、旧琉球王国の支配階級の抵抗のために、明治政府がやむをえずとった、または、次善の策ではなく、むしろ原蓄政策を追求する明治政府が積極的にとった、沖縄収奪政策の現われということになる」（傍点は安良城）と、批判的に要約した。

本源的蓄積は、本来、このような財政収支で論ずるものではない。生産の現場での、生産手段のあり方が検討されるべきである。経済史家である安良城はおそらく、そのことを重々承知のうえで、しかし西里が財政収支で論じているので、それをみても「国側は赤字だ」と指摘したものと思われる。それにしても、西里が「国は県から収奪して、本源的蓄積の財源にした」としていることは、本源的蓄積についての無知を示す以外の何物でもない。本源的蓄積は、国／行政のすることではないのである。

第二点は、西里らが「貢糖・買上糖の代金納が許されなかったのは、当時国内産糖のほぼ半分近くをまかなっていた沖縄の砂糖を確保することにねらいがあったのではないかとも考えられる」（県史1）、としていることである。

なぜ砂糖の現物納にこだわったか

安良城は、これについて、「明治一四年度には黒糖一斤当り六銭五厘前後だったと推測される公売値段［大阪での沖縄県産砂糖の販売価格］は、明治一五年度には五銭四毛に低落しており、したがって、公売値段は明治一五年度以降下落に転じ、一七年度以降二四年度まで一斤当り三銭台の低迷をつづけているのであるが、この公売値段の下落は、いうまでもなく松方《まつかた》デフレの影響であって、二四年度以降糖価が上昇している事実が、このことを裏書きしている。……本土で激しい農民収奪が進行したこの松方デフレ期の沖縄では、驚くなかれ、農民からの砂糖買上値段（一斤当り四銭）が公売値段を上廻っているにもかかわらず、明治二三年にいたって漸く買上値段を一斤当り三銭一厘に改訂するまで、この逆ザヤ現象は放置されていたのである」（傍点は安良城）とした。なお、「松方デフレ」とは、時の大蔵大臣・松方正義《まさよし》による緊縮政策のことで、物価の下落を招いた。

なお、明治中期における沖縄の砂糖生産額は、明治二〇年の六一〇万斤から、一年ごとに、一五四万斤、一三九八万斤、二一〇六万斤、一八八三万斤、一五一一万斤と推移するのに対して、同じ期間の奄美諸島では、四九七万斤、一〇四九万斤、一六二三万斤、二一三五万斤、二〇〇三万斤、一六七四万斤となっていて、ほぼ拮抗している。これに讃岐《さぬき》・阿波《あわ》を中心産地とする和製白糖（和《わ》三盆《さんぼん》）が二〇〇〇万斤ほどあるので、西里のいう「当時国内産糖のほぼ半分近くをまかなっていた沖縄の砂糖」という評価は過大で、「ほぼ半分近く」ではなく、「三分の一近く」であった。

砂糖の生産と流通

ただ、安良城の租税としての砂糖の理解は、事実とはズレがある。私はそのことを、近著「一七～一九世紀琉球の砂糖生産とその流通」(『沖縄国際大学経済論集』第12巻第1号、二〇一一年)を著す過程で検証した。ここで、この論争から一応離れて、当時の砂糖の生産と流通がどのようなものであったかを見ておこう。

琉球近世の租税は、田租(米納)と畑租(雑石納《ざっこくのう》)とからなっていた。しかし、これは「名目」で、実際には他の物品で代納されていた。その代表の一つが砂糖である。以下、砂糖産地(沖縄本島中南部と伊江島《いえじま》)の場合を示す。

砂糖は基本的に租税として、間切・村に課された。それには「貢糖《こうとう》」と「買上《かいあげ》(揚)糖」があった。原料のサトウキビの栽培と、砂糖の製造は、役人管理の下での集団労働であり、結果として生まれた砂糖はすべて間切・村のものであり、個人には属さない。納税者は、間切・村である。

うち「貢糖」は、文字どおり砂糖を租税として貢納させるものである(米納に代わるものとされている)。これに対して「買上糖」というのは、米納代替の租税としての割当を超えて製造された砂糖を「買い上げる」ことであるが、これは雑石(麦・下大豆《げだいず》)納に代わるものとして扱われる。つまり、米納相当分を超えたものがあれば、それを雑石納に充てるのである。砂糖製造は、さとうきび作という農業を基礎にしているから、豊作だったり、不作だったりする。豊作の時に出てくる余分の砂糖も、王府が回収する。それは、畑租（麦・下大豆）に引き当てられ、その分が免除される。「買上」とはあるが、代金を支払って買い上げるのではなく、租税として収納するのである。

この二つが基本であるが、明治に入る少し前から、それらを上回る砂糖、「焼過糖《たきか》」が現われる（焼《た》き過ぎた砂糖）。これは租税ではない。自由販売が認められている。この焼過糖の所有者／販売者は、個人ではなく、間切・村である。

しかしながら、間切・村には、それを鹿児島まで届けて販売する手立てがない。そこで琉球王府は、間切・村に代わってそれを代行する。貢糖・買上糖とともに、焼過糖も王府が鹿児島にある出先機関（琉球館）に届け、販売する。しかし、そのうち焼過糖の代価は間切・村に返さねばならない。そのさい、金銭で返すだけではなく、間切・村の必要な物資（鍬・鎌・鍋など）を鹿児島で手に入れて、その物品を渡すのである。

同様のことを、薩摩商人もする。彼らは砂糖（焼過糖）のできる前に「できたときはこちらに渡してくれ」と頼み、代わりに物品を渡す。一種の前貸しである。沖縄県ができてからまもなく、この仕事から県は手を引き、もっぱら薩摩商人の仕事となる。

第二代沖縄県令・上杉茂憲《うえすぎもちのり》は「上杉県令巡回日誌」（『沖縄県史料』近代4）を残している。地方を巡回して、いろいろな質問をしているが、多くの村で「負債はないか」と聞いている。答は「○○

円ほどある」という（「ない」の答もある）。すると「どのようにして返すのか」と問いかける。答は「焼過糖で」と返ってくる。「最近は砂糖の価格がいいので、二、三年で返せるだろう」などと答えている。

この場合、注意すべきことの一つは、この負債は個人の負債ではなく、村の負債であるということである。そうであるから、村の役人が責任をもって答えているのである。村の個々人の負債であれば、答えようがない。注意すべきもう一点は、「最近は砂糖の価格がいい」と答えていることである。上杉日誌は、明治一四〜一五（一八八一〜一八八二）年のころだから、安良城のいう「松方デフレ」の、直前の状況だったことになる。

それでも、沖縄県は砂糖を租税として徴収しているのであって、「買い上げる」のはその一部、つまり焼過糖の部分だけである。しかも「買い上げる」とあっても、実はそうではなく、それを販売した代金は間切・村に返されている。現金だけではなく、物品によっても。

したがって、県が買って、それを売ったら買値より安いという「逆ザヤ」論は成立しないのである。

その焼過糖の生産高はしだいに増加していった。しかしもはやこれを扱うのは沖縄県の仕事ではなくなり、薩摩商人の担うものに移っていく。他方の、貢糖と買上糖は、コストなしに租税として収納しているのであり、販売価格が安くても「逆ザヤ」ということにはならない。

ふたたび安良城・西里論争

ふたたび、論争に戻ろう。

砂糖の現物納をめぐる西里の議論

西里は、県が「砂糖・反布《たんぷ》の現物納を据えおくことによって、貢糖・買上糖・貢布の皆納《かいのう》以前には、個々の農民の手持ちの砂糖・反布の売り出しを禁止するなど、沖縄民衆に著しい不利益をもたらした」と述べている。しかし、これらの現物納は「租税」なのであるから、それらの「皆納以前に」（租税を納め終わる前に）その「売り出しを禁止する」のは、制度としては当然のことである。また、そのことが「沖縄民衆に著しい不利益をもたらした」とはいえない。それは、租税をちゃんと取ることへの批判でしかない。

安良城の批判

この現物納制が維持されたことについて、安良城は以下のように述べている。コメントを加えながら、要約する。①「琉球処分当時の沖縄の砂糖生産は、農民に砂糖の現物納を強制することによって、初めて砂糖生産が維持されるような、プリミティブな段階をはるかにこえていた」。つまり、このころは、砂糖は現物納を強制されなくてもその生産は取り組まれたのであり、その程度までには「発展」していたというのである。そのとおりである。しかし、この段階での砂糖生産は、個々人が担っているのではなく、間切・村が担っているのであって、その生産を指揮監督している地方ごとの役人であることを見逃してはなるまい。

②「沖縄産糖はほって［放《ほう》って］おいても日本市場に確保できた」のであって、現物納を維持しなければ確保できないということはなかった。つまり、売り先はほぼ大阪に限られていて、生産された砂糖は大阪に送られて販売されるのであり、そこから各地に流通していく。そのことは、現物納かどうかには関係ないとしているのである。そのとおりであろう。なお、琉球王国時代にも、また沖縄県になってもしばらくは、鹿児島での販売は基本的に、すべて沖縄県が行なっていたのである。その一部は鹿児島県（あるいはその商人）の手を経て大阪に流れた。

③西里は「貢糖制度は、明治六年に全面的に廃止され、琉球藩は農民から貢糖を現物で徴集しなくなった」としているが、安良城は、実は「廃止」されることはなかったことを指摘している。これは、西里が関係資料を誤読したことからきている（前掲拙稿「一七～一九世紀琉球の砂糖生産とその流通」）。その資料は、琉球藩から政府に（以前は薩摩藩に）上納される砂糖（上納租税の一部）を、砂糖から米に変更したことを示すもので、琉球藩が間切・村から収納する貢糖の制度に変更はなかったのである。以前は「農民から」砂糖を現物で徴収していた、としていることも過ちである。貢糖のための砂糖生産は、くりかえし述べてきたように、その生産者（生産の責任者）は農民ではなく、間切・村（そこの役人）なのである。そしてそのことは、安良城がいうように、明治六年に変更されることはなかったのである。ただ、安良城もまた、当時の砂糖生産の仕組みを上の説明のように理解してはいなかったようだ。

④安良城はまた、「市場機構の未整備という状況下で、貢租を確保するためにとられた措置と考

えられる」こと、を指摘している。つまり、生産された砂糖は地元沖縄で自由に売買できるような状況にはまだなっていなかったし、鹿児島や大阪に運ばなければならなかったが、それは村の人びとにはなかなかできないことだったため、現物での納入制度が維持されたのであるということ、である。

ただし、ここでも誤解を解いておかなければならないのは、第一に現物納される砂糖は、租税としての貢糖と買上糖であって、人びとが自由にできるものではなかったこと、したがって、第二に租税としての砂糖上納分を超えて製造された焼過糖のみが自由に売買できるものであったこと、その場合も、第三にそれを販売するのは個々人ではなく、間切・村であり、それを代表する地方役人であったこと、である。その販売を県が代行していたのである。

西里の反論の総括

安良城の批判を受けた西里の対応は、次のとおりである。『沖縄近代史研究』の「序言」に本人が「総括」的に示しているので、これを基本にまとめてみる。

「第一の論点」は、「政策転換」があったかどうかである。安良城は「明治政府は置県当初から数年の間、旧慣改革路線を堅持しつづけていたが、……ある時点で、旧慣存続路線への転換を余儀なくされた」という立場であり、これに対する西里は、この説は「成立する余地のない」ことを示したという。「置県後の県治方針として採用された〈県治の一大主義〉」は、「旧慣温存路線」であったが、第二代・上杉県令が「改革志向」を強めたので、「ついに旧慣温存路線を明確に定置するにいた」った。つまり、安良城は「旧慣改革路線から旧慣存続路線への転換」を主張し、西里は「旧慣温存路線」からスタートしながらも、上杉県令の「改革」案が出てきたので、改めて「旧慣温存路線」を明確にしたと主張しているのである。このことについて、ここでは深く論ずることはしない。

「第二の論点」は、明治政府はなぜ、旧慣を「温存」／「存続」する方針を採ったか、である。これを西里は、「原蓄期の松方財政の諸原則を沖縄へも貫徹させたか」という視点から、政府は「沖縄の重要性に注目し」ていたとし、安良城は「明治政府は沖縄をなんら重視していなかった」とした、とその対立点を要約している。西里は、「秩禄《ちつろく》の公債証書への切替えを無期延期し、金禄温存の措置をとった」（本第四話末尾参照）、「一八八二（明治一五）年の時点で、貢米の代金納を許可しながら、貢糖・買上糖については代金納を許さず、砂糖現物納制を据置いている」などを論拠として挙げている。西里はまた、「財政・経済政策（原蓄政策）上の見地からも〈一大富源〉として注目していた」と強調している。

このうち、砂糖現物納制については検討済みで、代金納を「許さなかった」というより、「許せなかった」のであり、それは商品・貨幣経済の発達の遅れと対応したものであった。西里は、当時の沖縄で、貨幣が普通に出回り、モノ（砂糖など）が商品として普通に出回っていたように、誤解しているようだ（拙著『琉球近世の社会のかたち』）。

「一大富源」論についても、すでにみたように、沖縄から「収奪した」とはなかなかいえないのであり、実際上、「収奪」はされていない。

「第三の論点」は、「旧慣温存路線は……明治政府にとって、政治・経済的にどの程度のメリット・デメリットがあったか。沖縄の民衆にとっては、なにをもたらし」たか、という点だという。安良城は「大幅な支出超過＝赤字をかえりみることなく、沖縄を優遇するさまざまな措置をとっている」とするのに対し、西里は自らの見解を「原蓄権力としての明治政府の民衆収奪志向は、旧慣温存期の……沖縄においてもストレートに貫徹し、シビアに発現している」とまとめている。具体的には、以下に見るとおりである。

①安良城の砂糖に関する「逆ザヤ説」については、西里は、明治政府はそれをすぐに「解消」させたとし、その後の糖価の上昇があっても、その「利ザヤを国庫収入へくみ入れて糖業農民に還元しなかった」としている。砂糖の基本的な部分が租税であることを見落としている。

②このような「砂糖・反布の現物納制を据えおく」ことによって「沖縄民衆に著しい不利益をもたらした」と主張している。そもそも砂糖や反布は、租税として生産・製造されているものが基本である。この議論はそのことを見失い、民衆の私有物としての「商品」であるかのように誤解しているのである。

③「間切の負債」について、安良城は「大幅に減少している」としたのに対し、西里はその論拠を疑っている。「間切の負債」は、上杉県令が巡回したころ（明治一五年）は「あるが、焼過糖の販売価格が高くなっているので、そのうち返済できるだろう」との回答が多かった。その直後に松方デフレがきて糖価は下落するが、それでも砂糖の生産は増加していっており、それは租税ではない

焼過糖の増加を意味しているのであり、間切・村の収入は増加していったわけで、その負債は減少していったであろう。その収入は、例えば「間切共有金」として間切に留保されていた。

④「明治政府の勧業資金払下げ」措置をめぐっても、安良城はそれを評価し、西里はそれを評価しない。「勧業資金の払下げ」は、鹿児島商人の介在を避けるための措置である。これを西里は、「糖業農民の苦境を旧藩時代より以上に悪化させないための緊急措置に外ならなかった」として、評価しないのであるが、「糖業農民の苦境」なるものは、「旧藩時代」においてどのように表れていたのか。個々の農民は砂糖の生産と上納と販売に責任を持っていない、その責任は地方役人にあるという状況で、どのような「苦境」があったのか、説明できていない。昔の農民は搾取されて、苦しかった「はず」という、観念で考えてはなるまい。

このほか、西里は、⑤「無禄士族層の受けとるべき役得分＝三八万余円」を「貢租として人民から徴収しながら」それを「ひたすら〈国庫に収入〉した」こと（「無禄士族層」への支給分を「貢租として人民から徴収した」というが、貢租のうちに含まれているのであれば、それを「人民に還元する」必要はないのではないか）、⑥「明治一〇年代前半の沖縄の〈人口一人に付国税負担額〉は……九州地区では第一位であること」、⑦明治政府は「滞納防止に腐心していること」、⑧「既知の統計資料」によってはよくわからないが、「沖縄県から徴収される実質的な国庫収入は、沖縄県へ支出される国庫支出をはるかにうわまわ」るはずとの「予想」、などを述べている。

西里説を引き継ぐ秋山勝

秋山勝《あきやままさる》は、共著『沖縄県の百年』（山川出版社、二〇〇五年）のなかで、「安良城・西里論争」を踏まえつつ論じている。秋山は自らの立場を「旧慣温存政策が明治政府の初期沖縄統治の一貫した基本政策であった」と表明している。秋山は、『政治の論理』として、「琉球処分の性格」と「旧慣温存政策」は「連続している」（はずだ）から、という。安良城は、「当初は旧慣改革方針をもっていた」が、各種の「政治的事情により、途中で〈やむをえず政策転換〉した」としているが、そうではなく、「旧慣温存政策」は当初から一貫しているとの主張である。西里と同じである。

秋山の議論の問題は、「旧慣」の「温存」といい続け、政府が「温存」に何らかの利益を認めていたという認識（西里説の基本）、この根本問題について、西里説に同調していることである。

このように、安良城と対立する見解を記しつつも、秋山は、「政府が経済的・財政的理由から旧慣温存政策を基本政策として採用したとする西里の説の第二の論点には疑問がある」と述べている。それは「日本政府は沖縄を今（基地温存政策）も昔も〈政治の論理〉でしかみておらず、財政的・経済的理由で基本政策を策定するとは考えられないからである」と。つまり、秋山は、「政治の論理」なるものを自らの思考の前提に立てており、その前提（先入観）によってコトを見ているだけなのである。ここでの西里説への「疑問」は、結果として正当であっても、その疑問を提起する視点は、ずれている。

例えば、秋山は、「明治政府が当時、貿易収支の赤字改善策として沖縄の砂糖を重視していたことは理解でき」る、と述べていて、西里の「砂糖現物貢納制の維持の根拠論」を支持している。そして「日本資本主義全体にとって沖縄経済の〝規模はあまりにも小さく〟、本源的蓄積の重要な創出地として沖縄を位置づけたとは考えにくい」と、正当に指摘してもいるものの、ここにも「本源的蓄積」への誤解が露出している。

さらに、「旧慣〈温存〉政策」だと理解する秋山は、それを「民衆収奪」政策だとしていて、ここにも西里の謬論の継承が見られる。それは他方で（その裏面で）「有禄士族層やそれに連なる地方役人層」の「保護政策とみるべき」とも述べて、「旧慣」がそのように機能していたと理解している。どのような土地制度だから、どのような租税制度だから、などを論ずることなく、ただ推量で、それらが「民衆収奪」政策だったと前提しているのである。

まとめると、秋山は西里説を継承しているのであって、それを部分的に批判していても、その基本に変わりはないのである。

「旧慣」はなぜ残されたか

この「安良城・西里論争」とは別に、「旧慣」がなぜ残されたのかを考えてみよう。

第一は、沖縄の支配層の一部に日本への編入に反対する勢力があった。このことが「旧慣」の改変をためらう理由になった。明治政府もそのことを述べており、西里・安良城とも同様であろう。

第二は、政府においては、沖縄社会の改変がぜひとも必要だという考えが、あまり強くはなかったこともあったと思われる。改変してもしなくても収入が増えたり減ったりするのではないし、経済のあり方が変わっていくことも見込めない。

第三は、沖縄は日本に編入され、沖縄にも「県令」（のち「県知事」）が国から派遣されてきたが、日本の各地と沖縄の社会のあり方は大きく異なっていた。そして、どのように異なっているか、明治政府は実状がよくわからなかった。そのことは、沖縄社会の改変の難かしさを示している。そして、その沖縄の社会のあり方を調べること、そのために時間が必要だったのである。

こうして、政府は「改革」を急がず、しばらくは「旧慣」を維持し存続させたのである。

当時の論者の意見に耳を傾けてみよう。

太田朝敷の議論

太田朝敷《おおたちょうふ》『沖縄県政五十年』（一九三二年）は、次のように述べている。「当時の政府が ここまで敢行《かんこう》しなかった」、つまり旧慣の改変をしなかった理由として、次のような見方ができるとして、いろいろと挙げている。「当時に於ける一般地方制度と我が旧藩制度との間に、大きな隔たりがあった為か。或は又 当時の沖縄県民の程度が、一般地方制度に順応するまでに進んでいなかったのであるか」。私は、この見方に同意する。「今日の民度を他の地方と比較すると、如何にひいき目で見るも、そこに可《か》なりの隔りがあることは争われない」。「民度」という表現は、今では慎まれるべき用語であろうが、「社会のかたち」が大きく異なっていたことの指摘として受け止めたい。

さらに、「対支［対中国］関係」という「障害」が「裏面に伏在していた」ため、政府でも思い切った改革に躊躇《ちゅうちょ》し、遂にさわらぬ神に祟《たた》りなしの方針を取り、勢力の中枢と認められた有禄士族に旧藩以上の金禄を支給したり、無禄士族に役俸をあてがったり、農村に勧業資金を貸下げたり、人心の緩和《かんわ》［やわらげること］については百方手を尽くしたようである」ともいう。私は、この見方にも同意する。これは、対中国として捉えられているが、中国に親和感を持つ勢力への配慮ということであろう。

しかし、太田はこれらの考えを退けて、「要するに置県の初期に於ける県治の方針は、県の発展開発にあったのでもなく、三十余万県民の福利増進にあったのでもなく、只々国家の領土権を無事に維持するという一点に集注［＝集中］されたようである。何もかも藩政踏襲、旧慣存置の方針を採ったのは、即ちこの国際事情に制されたわけで、これ以外の理由としては何ものもあるまい」。結局は「国家の領土権」の維持のためとしていることになる。そのために、「対支関係」の存在を背景にもつ県内の不満分子を懐柔しつつ、時を待ったというのである。その前段では、社会改変への熱心さの欠如を指摘している。

太田は、次のようにも述べている。「置県後一七、八年間の県治の形式は大体に於て琉球藩の延長と見てよかろう。併《しか》しこの旧制踏襲政策が、何も的確な理由から出たのではなく、只《ただ》事勿れ主義の産物に過ぎぬことは明白である」。こうなると、理由はないということになってしまう。太田は、いくつかの重要な指摘をしながらも、このような「結論」に至っている。

笹森儀助の場合

また、笹森儀助《ささもりぎすけ》は「我カ〔政府が〕沖縄県ニ対シ旧慣ヲ重《おもん》スルハ、其《その》民度未《いま》タ他府県ニ及《およ》ハサレハナリ」と述べている（『南島探験』2、調査年は一八九三年）。「民度」という用語は、太田も使っていたが、人びとの、生活水準や文化水準のことである。笹森は民度が「他府県に及ばない」、つまり遅れていると見たのである。太田も「当時に於ける一般地方制度〔日本各地の制度〕と我が旧藩制度との間に、大きな隔たりがあった」こと、「当時の沖縄県民の程度〔民度であろう〕が、一般地方制度に順応するまでに進んでいなかった」ことにも触れていた。

われわれは、さらにもう一歩進めて、最大の理由は何かと考えてみよう。そうすると、やはり琉球／沖縄の経済・社会のあり方が、日本各地とは大きく異なっていたことに突き当たる。太田も笹森も、それを「民度」の問題と表現していた。

旧慣が存続された最大の理由

明治政府は、日本の各地と、琉球／沖縄の社会のあり方は大きく異なっていることを感じても、その状況がよくわからなかった。そこで、まず「旧慣調査」を実施した。土地・租税・地方団体（間切・村）の法的な規定と実態を調べたのである。それには一定の日時を要した。そのことが旧慣改変の遅れを招いた。太田は「明治二十六年　当時の内務書記官一木喜徳郎《いちききとくろう》氏が取調《とりしらべ》に来るまでは、沖縄の県治《けんち》〔県政〕が如何なる法規に基づいて行われているか、それさえまだ明らかになつていなかった」と述べている。

旧慣調査のため、有能な官吏たちが派遣されてきた。例えば一木喜徳郎は、のちに大学教授も務め、文部・内務・宮内の各大臣を務め、枢密院議長にもなっている。それらの調査報告書は、『旧版）沖縄県史』21・旧慣調査資料（一九六八年）に収録されている。

「旧慣」が維持・存続されたのは、改変したくない、遅らせたいということではなく、改変の意思はある（強くはなかったろう）が、すぐにはできなかったということである。その改変は、日本が沖縄を統合するという政治的側面が優先されたということであり、そのことが政府にとって、金銭的にはマイナスになってもよしとされたと考えるべきであろう。これらのことからも、「沖縄から経済的に収奪するために旧慣温存政策がとられた」という議論は支持できない。

教育と勧業は例外

「旧慣」の本格的な改変は、一九世紀末まで行われなかったが、それまでにもいくつかの改変はなされていった。その一つは、教育制度の整備と、教育の普及であり、もう一つは、勧業と、商品・貨幣の流通促進である。

内務大臣・野村靖《のむらやすし》は、一八九五（明治二八）年、「沖縄県地方制度改正の件」を閣議に提出した。そこでは、「起原」に遡って「沖縄県制度」を論じている。まず、「琉球処分」のときには「概《おおむ》ネ旧慣ニ拠《よ》ラシメ」たものの、「県令上杉茂憲《うえすぎもちのり》」が「旧慣ノ改正ヲ企画」した。これに対して会計検査院長であった岩村通俊《いわむらみちとし》が県令となって、「総《すべ》テ旧慣ニ復スル」ことにした。次に西村捨三《にしむらすてぞう》が「本県々令」になると、「教育 勧業ノ二件ハ旧慣ノ軌道ノミニ拠《より》テ放任スヘカラサル」として「民智ヲ啓発シ殖産興業ヲ奨励スル端［端緒］ヲ開」いた（その後のことは別に譲る）。

つまり、教育と勧業は、全体としての旧慣存続方針が維持されるなかで、例外として扱われていたのである。

教育の普及

「沖縄県学校沿革」（明治二〇年一月三〇日付け）という文書がある（『〈旧版〉沖縄県史』13・沖縄県関係各省公文書2）。これにより、また阿波根直誠《あはごんちょくせい》「教育の諸問題」（『〈旧版〉沖縄県史』1・通史、一九七六年）の整理を参照して、教育の様相を描いてみる。

王国時代の教育

琉球王国の教育機関としては、首里の「国学校」を頂点に、首里の三か所に「平《ひ》等《ら》学校」があり（一五・一六歳以上の者が就業、優秀な者は「国学校」に進む）、初等教育機関として、首里と那覇に「町学校」「村学校」、宮古と八重山に「会所」があった。また、一部のエリートは、中国の「国子監《こくしかん》」に留学する人もいた。これらは実質的には、首里の行政機構の役人たちや、地方《じかた》役人の子弟の教育機関であり、一般庶民を対象にした教育機関はなかったのである。この点は、日本近世の社会で、時代が進むにつれて、教育が末端まで普及していったことと比べて、大きな違いである。

置県後の教育

明治政府は教育制度の整備を手掛けた。庶民は、みずから教育の機会を求めるという状況にはなかったので、その普及は多くの困難を伴った。そこで、いわば「上から」仕組まれていくことになる。それはもちろん、明治政府としては、その施策が沖縄の社会に広く浸透することをねらったものであった。

まず、一八七五年六月に、太政大臣・三条実美《さんじょうさねとみ》は、琉球処分官・松田道之に次のように指示している。学習させるために、一〇人ほどを上京させなさい、と。しかし、実際には六人を派遣しただけだった（一一月）。しかも、いろいろな理由をつけて、一、二年で帰郷している。

次に、初代県令・鍋島直彬《なべしまなおよし》が、小学・師範両校開設を政府に上申して、一八八〇年に一万一二六一円の費用を引き出している。その年一二月には、「国学校」は「首里中学校」と改称し、「校則教則」を定め、試験によって合格者三八人を入学させた。久米村にあった国学校同様の「明倫堂」は、一八七九年に「県庁ノ直轄」とし、その名は変遷したが同名に復帰した。「平等学校」と「村学校」は、「合併シテ東西北ノ三小学校」となるが、のち合併して一校となる。

八一年の公立小学校の設立数は一八、教員二五人、生徒一〇〇六人となり、八二年にはこれが五三校に増え、更に八七年には就学児童数は四八二四人（全学齢児童の六・八％）、九三年には一万四〇五一人（一九・九％）、九六年には二万二一五〇人（三一・二％）と増えていった。

二代目県令・上杉茂憲は、教育の目的を、「日清両属的な思想」を人びとの意識からぬぐい去り、言語を日本と共通のものにして、日本の「国体」（国のあり方）を理解させ、「忠君愛親」（天皇に忠節し親を愛する）の考えを広めるべきと記している。明治政府が沖縄で教育の普及に努めたのは、そのためだった。

また、沖縄語は日本語の一方言ではあるが、会話は通じないという事情があった。そのために「通訳」の養成にまず取り組む。八〇年二月には、那覇に「会話伝習所」を設けて県の学務課員（本土からの職員）が教えた。そして六月には、「沖縄師範学校」を開設する。八六年一月に、そこに「尋常師範学科」が設けられ、首里に校舎を移転して、「沖縄県尋常師範学校」となる。そこへの入学は、当初は役所からの半ば圧力を伴った勧誘が多かったようだが、しだいにみずから進んで受験する者も増えていった。それでも、教師の多くは、鹿児島をはじめ九州各県からの人びとだったのである。そのため、学校のことを「大和屋《やまとやー》」と呼ぶ例もあったようである。

日本語教育をどうみるか

このような明治政府の日本語教育に対して、それを「同化政策」であるとの一面から、批判的に論ずる論者が少なくない。私は、そのような議論に同意しない。批判者は、日本語教育に対する代案を提示すべきであろう。

沖縄語は日本語の一つの方言である（言語学界の定説）が、相互の会話は通じない。そこで、日本政府としては、学校を積極的につくって「日本語教育」を進めたのである。この教育の普及政策は、もちろん、政府の方針が沖縄で行きわたるようにということを、主にねらったものであろう。言葉を変えていえば、沖縄県民を日本国民として同じようにするための「同化政策」である。

ただ、「同化」とは「本来異なるものが同じくなること」（広辞苑）である。問題は、沖縄が日本と「本来異なる」かどうかにある。客観的にみて、沖縄の口語は日本語の仲間であり、「本来異なる」ものではない。その後、植民地にした台湾や朝鮮での日本語教育とは、事情が異なる。台湾や朝鮮では、植民地から解放されると、ただちに自らの言語に立ち戻った。しかし、沖縄では、日本から分離されたアメリカ軍占領支配下でも「日本語」を手放さなかった。もともと沖縄語は表記文字を持っていなかった（今もそうである）。そこに日本の文字が持ちこまれ、教えられ、定着していったのである。それは、沖縄（人）にとって邪魔ものではなく、便利な道具（手段）となった。沖縄語の本来の性質からして、なるべくしてそうなったのである。明治政府の言語と文字の「同化政策」は、拒否／批判すべきことではない（なお、沖縄方言だけで言語生活を営もうと主張するのであれば、その表記文字を提示すべきである。それなくしては「独立の言語」とはなり得ない）。

その成果は、今日のわれわれにつながっている。われわれ沖縄人は、日本語を習得したことで、読み書きができるようになった。しかも、その日本の文化水準の高さによって、外国との連携も可能になっている。外国の文献も、そのほとんどを日本語で読み、学ぶことができる。このことは積極的に評価すべきことである。

もっとも、その過程で、沖縄語での会話を抑制した場面もあった。沖縄語での会話は、長い歴史のなかで形成されてきたものであり、お互いの意思疎通には有効なものである。それを「上から」抑制することはすべきことではない。そして、それが「方言撲滅《ぼくめつ》運動」の形をとることは、最も避けるべきことである。

それでも、沖縄語での意思疎通は、ごく限られた、小さな社会の範囲でしか有効ではない。「琉球方言」といえば、一色《ひといろ》かというとそうではない。それはまた「沖縄方言」と「先島《さきしま》方言」に分かれる。その「沖縄方言」は「首里方言」「那覇方言」などに、また「先島方言」は「宮古方言」「八重山方言」「与那国《よなぐに》方言」などにと区別され、相互の意思疎通はまたむつかしい。近年の方言見直しの動きでは、その「むつかしさ」を隠して、「島言葉《しまくとぅば》」などといっている。しかし、「島言葉」というひとつの言葉はないのである。その批判を受けて、「沖縄諸語」などと逃げたりしているが、どのように表現しようとも、琉球方言に固執する限り、意思疎通の可能な範囲は狭くならざるを得ない。このことを踏まえなければならない。

人は、小さな社会の中に閉じこもっていては、十全に生きていくことはできない。方言によって小さな社会での意思疎通の手段を守るとともに、共通語によってより広い社会との意思疎通も図らなければならない。言語は、その両面を保つことが必要なのである。

私は、明治以後の、沖縄における日本語教育を積極的に評価したいと思う。

勧業と商品・貨幣経済の浸透策

全体として「旧慣」が維持され、継続されたなか、次の諸政策は、勧業と、商品・貨幣経済の浸透をねらったものであったと考えられる。それはすでに一定の素地《そじ》が認められたからこそ実施されていったものであろう。

勧業費の下げ渡し

一八八〇（明治一三）年、「砂糖代前貸」と「買揚砂糖《かいあげ》」の制度を継続するため、「勧業費」として六万九八六七円を「下渡」した。「砂糖代前貸」を廃すれば、「鹿児島寄留商人」が全面的にこの分野に関わることとなるので、その牽制／抑制のために、国／県も関わらざるを得ない。また「買揚砂糖」は、租税を上回る砂糖を、国／県が引き取り（実は「買い揚げる」のではない）、それを鹿児島で販売し、その代金を納税者である村（個々人ではない）に返す仕組みになっていたもの（実は貨幣だけではなく、その貨幣で買った必要品を返す場合が多い）で、国／県がそれを止《や》めると、村はその処理に難渋することが予想される、そのために、このあり方は継続せざるを得ない。ただ、このことは、勧業についての「積極策」ではなく、「消極策」である。

租税の金納許可

一八八二年、砂糖を除く米穀等の租税代金納許可（本島のみ）が出された。「租税」である「米穀及ヒ塩、棕梠縄《しゅろなわ》」のことは、「凶作」などで「不得止《やむをえぬ》」場合に「代金納」を許してきたが、「本年」からは「豊凶ニ拘《かか》ハラス、人民ノ情願ニ任《まか》セ、代金差許《さしゆるし》候条、此旨《このむね》布達《ふたつ》候事《こと》」、つまり貨幣で支払ってもいいとした（「沖縄県日誌」明治一五年六月二八日の項、『（旧版）沖縄県史』11・上杉県令関係日誌）。砂糖の現物納は続けられる（安良城・西里論争の項で触れた）。

甘蔗作付制限の解除

一八八八（明治二一）年、甘蔗《かんしゃ》作付制限が解除された。県令甲五四号で「従来甘蔗坪数［面積］ニ制限有之《これあり》候処《ところ》、自今《じこん》［今より］此《この》制限ヲ解ク」と指令された（『沖縄県糖業要覧』昭和九年）。砂糖は租税としての「貢糖」と、その余分を買い上げる（他の租税負担と相殺する）「買上糖」の制度があった。それを超える部分は「焼過糖」といった。さとうきびの「作付制限」は解かれるが、貢糖・買上糖の制度は残される。したがって、増えるのは焼過糖である（これもすでに触れた）。

このような改革は、商品生産奨励の意味をもっているであろう。砂糖、米、あるいは染料の藍《あい》や鬱金《うこん》などの生産・販売を通しての蓄財の余地がやや広がったものとみられる。これを過大に見ることは慎まなければならないが、私有地の形成や小作地の発生などは、この流れのなかに位置づけることによって初めて説明できるであろう。

ただし、甘蔗の作付けについては、そもそも制限があったかどうか疑問が残っている。

結果を見てみよう。「明治九年・河原田盛美《かわらだもりよし》・琉球紀行」（『〔旧版〕沖縄県史』14）には、「今金銀貨幣楮幣《ちょへい》〔紙幣〕ノ下民迄《まで》通用ナラサル」実情にあるとし、その理由を説明した件《くだり》がある。

貨幣の浸透と貧富の差の拡大

ところが、その一七年後の一八九三（明治二六）年の観察記録である「一木《いちき》書記官取調書」では、次のように変化している。「営業上の取引には、沖縄本島では、だいたい誰でも貨幣を使用している」と。「ただ国頭地方では、米穀《べいこく》、反布、焼酎、藍、砂糖樽《たる》の板などで、物品交換〔物々交換〕をするものがしばしばあるという」と付け加えているが。また「国頭地方から送り出す薪《たきぎ》の数量は、きわめて巨額に達している」、「内地との交通も、ようやく盛んになるにしたがって、人民生活の需用〔需要〕も増加する傾向にある。なかでも著しいのは石油である。石油は、今日においては、どのような寒村《かんそん》［貧しくさびれた村］にも行き渡らない所はなく、明治二五年の輸入価格は、六万六千余円の多額に達した」ともある。

明治末の状況を描いた『沖縄県産業要覧』（大正二年）には「蔬菜類は、那覇、首里やその近郊の郡部で最も多く栽培され、人口の少なくなるにつれて減少する」（現代語訳）とあり、少なくとも明治末には、近郊農村から那覇や首里に販売用の野菜が届けられていたことになる。

ただし、笹森儀助によれば、一八九三（明治二六）年（一木と同時期）当時の那覇の「五穀売買市場」では、売買のときいつも争いが起こる、分量と価格が対応していない、などが指摘されていて、商品売買の未発達な様子が知れる（『南島探験』２）。

このように、貨幣による取引は増えてきているとみられる。それでも、活発な貨幣流通とまではいくまい。

「一木書記官取調書」は、貧富の差が拡大していると、次のように述べている。「沖縄県では、財産の不平等は割合に少くないのであるが、往々数十町歩の仕明地《しあけ》［開墾地］を持っている者がいる。……風評では、最も富んでいる者は、動産・不動産合わせて五、六万円を有する者もあるという。仕明地などの民有地の総面積が三九九一町歩もあることを見れば、私有地を持つ者が少なくないことも納得いく」（現代語訳）。

笹森儀助は、本部《もとぶ》間切《まぎり》で「間切の中で一等の財産家は、田畑六町歩を持っている。うち、水田三町歩、仕明地（私有地である）三町歩」という事例を紹介している。

かくして、「旧慣」は残されていても、教育と勧業の二面から、その改変の動きはあったのである。

秩禄処分

明治政府は、沖縄県も他の府県と同様に、まず旧支配層の秩禄《ちつろく》（給与）を公債《こうさい》（国債）に切り替えることによって処分した。それまで、幕府や藩は、多くの武士、すなわち今でいえば「公務員」を抱えていた。この関係を切って、給与を年々／月々に払わないですむようにするのが「秩禄処分」である。

ただ、旧藩王一族とその他では扱いが異なっている。前者は置県後ただちに実施したが、後者は永く「存続」された。

旧藩王一族の場合

旧藩王の尚泰とその一族（「従来王家ニ直隷《ちょくれい》［直属］スル所ノ近臣従者等」）については、置県後ただちに、一八八〇（明治一三）年に、「金禄公債証書」を交付した。その証書は額面「二〇万円」だったが、これはそれまでの収入を概算して「二万円」をはじき出し、それを年利一〇％の利子が保証された証書を渡すことによって、毎年二万円が支給されたことになる。これは「優遇」とは言えず、「現状維持」とすべきである。これによって「秩禄（給与）」は処分され、「公債（国債）」に切り替えられたのである。「沖縄県諸禄処分法案説明書」は、

「旧藩主［藩王］尚侯爵ノ家禄ハ廃藩ノ当時既ニ処分セラレタル」と述べている（『〈旧版〉沖縄県史』13・沖縄県関係各省公文書2）。

その他の場合

その他の旧地頭層（明治になって、「士族」とされた）や神職らについては、同上「説明書」は、次のように述べている。これらへの「飯米」は一八八〇（明治一三）年から「漸次之《これ》ヲ処分スルノ方針」であったが、「当時ノ民情［は］急激ニ旧慣ヲ打破スルヲ許サヽルモノ」があった。そのため、一八八四（明治一七）年一月にその処分を見合わせて、その「禄制ヲ継続スル」ことにして、それから「二十有余年ヲ経過シ今日ニ至リタル」と経過を述べている。そして、「右諸禄モ亦早晩処分ヲ要スヘキモノ」だったのだとし、状況の変化を指摘している。一つは、「受禄者ノ生活状態ハ今ヤ之カ急施《きゅうせ》［急ぎ実施すること］ヲ大《おお》ニ切実トスルモノアリ」、もう一つは、「沖縄県ニ於テモ本年度ヨリ府県制ヲ施行セラル、ニ至」ったことでもある。そこで、「此際旧慣制度ノ唯一遺物タル禄制ヲ整理スルハ行政上頗《すこぶる》機宜ニ適スルモノ」であって、このことは「財政上ヨリ見ルモ……国庫ノ負担ヲ減」ずることになる、としている。

こうして、一八八〇年から一九〇八年までの二九年間に合計四一一万円、年平均で約一四万円の「公債」を負担し続けていたが、これが一九一〇年四月の「沖縄県諸禄処分法」で、「国債証券」に切り替えられた。

沖縄では、日本とは異なって、秩禄処分も旧慣廃止の時点まで行われなかったのである。

第5話

「近代化」を進める明治期の日本

明治になって、日本社会は大きく変化した（第1話）。その後も休んではいない。

自由民権運動が要求し、政府も検討を進めていた憲法の制定と議会の設置は実現していった。学制の改革、民法の制定と家族関係の変容、そして経済の資本主義化が進められた。日本にとっての「近代化」は、政治的には憲法の制定と議会の設置であり、経済的には資本主義への前進であった。

しかし、琉球／沖縄は、「旧慣」の改変に手が付けられることはなく（例外あり）、社会の変化はきわめて緩やかだった。

私は「改革」ではなく、「改変」という言葉を使うことにしている。それは、「改革」にはよい方向に変わる／変えるというニュアンスを感じるからである。しかし歴史事象の多くは、「よい方向」とともに、その裏側で「よくない方向」をも含み、その双方が絡んでいるものである。その、「よい」「わるい」／「前向き」「後ろ向き」の双方を含むことを示すための用法である。

教育制度と教育勅語

教育令

一八七二（明治五）年、「学制」が制定された。全国を大学区（八つ）・中学区（それぞれの大学区に三二）・小学区（それぞれの中学区に二一〇）に分け、各学区に大学校・中学校・小学校を設置する予定だったが、計画は半分ほどしか実施されず、一八七九年に「教育令」が出て、廃止された。小学校は町村立となり、女子教育も始まった。小学校は「下等」四年制であった。私立学校も届出制で始まった。しかし、翌年には改正され、小学校は「初等」三年、「中等」三年、「高等」二年となった。まだ義務教育ではなく、入学は本人の意志によるため、同じ学年でも「小学生」の年齢はまちまちだった。また、構想としては「小学校」の上に「中学校」「大学校」が想定されていたものの、その設置は大きく遅れた。

教育制度の変遷

一八八六年には、教育制度が体系化された。「国家主義」「天皇主義」の教育方針を、小学校から大学まで、貫かせようというものである。「帝国大学令」「師範学校令」「小学校令」「中学校令」などが制定された。小学校は尋常《じんじょう》小学校（四年制）・高等小学校（四年制）、中学校は尋常中学校・高等中学校とされた。のちに、尋常中学校は「中学校」に、高等中学校は「高等学校」に改称された。また、「高等女学校令」や「実業学校令」「専門学校令」もそれぞれ制定された。

一八八七年には、「文官任用令」が定められて、官吏は試験で任用することになった。ただし、帝国大学法科の卒業生は「無試験」で「高等官」に採用するとされた。

教育勅語

一八九〇年、「教育勅語」が制定された。これは、天皇が文部大臣に与えるという形式をとったもので、「朕惟《ちんおも》ふに 我が皇祖皇宗《こうそこうそう》 国を肇《はじ》むること 宏遠《こうえん》に徳を樹《た》つること 深厚なり」で始まる。つまり、この勅語に出てくる「徳目」（道徳の細目）は、天皇の先祖（皇祖皇宗）から伝えられたものとされていた。このことは、発布の形式も、他の政治的文書とは異なって、内閣や大臣の手を通さずに行なったことにも見られるように、政治的な場で論議できないように仕組まれたものである。

「教育勅語」は、その後、各地の官立学校で「勅語奉読式」を行うようになり、そこに「天皇・皇后の御真影」が掲げられ、国の定めた「祝日」がすべて天皇（家）にかかわりのある日が選ばれたこととも相俟《あいま》って、天皇崇拝の気風が広く行きわたっていったのである。

富国強兵と殖産興業

「尊王」と「富国強兵」

討幕派のスローガンは「尊王攘夷《そんのうじょうい》」であったが、そのうちの「尊王」は天皇を戴《いただ》く（トップに据える）ことで実現した。「攘夷」はずっと以前に捨てられており、むしろ西洋を見習い、頼る方向となっていった。

しだいに固まっていった維新政府の方針は「富国強兵《ふこくきょうへい》」であった。「富国」は国を富ませる、つまり経済力をつけること、「強兵」は兵を強くする、つまり軍事力をつけることである。「富国」は「強兵」のためでもある。「殖産興業《しょくさんこうぎょう》」というのも、生産を殖《ふ》やし、産業を興《おこ》すことであり、「富国」と同じ意味である。これは、資本主義への道を選択したことになる。経済の実態から、その流れに沿うというよりは、「上から」それを進める道を選んだのである。

由利財政

維新当初の財政の責任者は、由利公正《ゆりきみまさ》であった。この時期の課題は、まずは財政基盤を確立することであり、それは「太政官札」と呼ばれた紙幣（金札）の発行となった。しかし、政府の信用もまだ確立していなかったこともあり、その価値は保てなかった。また、三井・小野・島田・鴻池《こうのいけ》などの商業資本からの借入金にも頼った。

大隈財政

由利財政を引き継いだのが大隈重信《おおくましげのぶ》である。政権は、「征韓論」に敗れた西郷隆盛《さいごうたかもり》・板垣退助・江藤新平らが政府を去ったあと、大久保利通《おおくぼとしみち》が実権を握った。大隈は、そのもとで「大蔵卿」となり、財政を担当した。課題は山積していた。国際収支の赤字の解消のために、輸入の抑制と輸出の助成、財政の立て直し等々に取り組む。しかし、不換《ふかん》紙幣を増発して、インフレが激しくなる。大隈は外債の募集を進めようとしたが、反対されて、一八八一（明治一四）年に政府を退く。

大久保利通

殖産興業の発想は、「岩倉使節団」のメンバーとして西欧やアメリカを見聞した大久保利通によって採用され、推進されたとされる。大久保は大蔵卿であったが、一八七三（明治六）年に帰国すると半年後に殖産興業の推進機関として「内務省」を設置し、自身が内務卿を兼任した。大久保は、ここを根城にして、日本経済の資本主義化を進めようとした。

まず、農業技術の近代化に取り組んだ。そのために、官営模範農場と官立農学校を設定した。農場としては、内藤新宿《ないとうしんじゅく》試験場、下総《しもうさ》種畜場、三田《みた》育種場など、また駒場《こまば》農学校（のち帝国大学農科大学となり、さらに東京大学農学部となる）が設けられた。山林保護にも努めた。農地の開拓も進めた。

さらに、工業の分野でも、富岡《とみおか》製糸場、新町《しんまち》屑糸紡績所、千住《せんじゅ》製絨《せいじゅう》（毛織物製造）所、堺《さかい》紡績場、愛知綿糸紡績所、広島綿糸紡績場などの模範工場を設定した。

また、貿易や海運を外国の主導権から日本の主導権に取り戻すため、内務省内の一部局（勧商局）の手によって、生糸や茶を輸出しているし、三菱に船を提供し、補助金を支出するなど、直接支援して、海運業の振興にも力を尽くしている。

以上、大久保については、三谷《みたに》太一郎《たいちろう》『日本の近代とは何であったか――問題史的考察』（岩波書店、二〇一七年）による。

大久保は一八七八（明治一一）年に暗殺されたが、その直前の言葉として「内治を整ひ、民産を殖する」が残されている。

大久保・大隈のもとでの殖産興業政策には、幕府営・藩営であった工場・鉱山を「官行」すなわち国営化することも含まれる（表5－1）。

表 5-1　幕藩営工場・鉱山の官行

年次	対　　象	旧所管	1874 年次所管
1868	関口製作所	幕府	陸軍省
	石川島造船所	〃	海軍省
	浦賀造船所	〃	閉鎖
	横須賀製鉄所	〃	海軍省
	横浜製鉄所	〃	〃
	長崎製鉄所	〃	工部省
	生野鉱山	〃	〃
1869	滝ノ上火薬製造所	薩摩藩	陸軍省
	敷根火薬製造所	〃	海軍省
	佐渡鉱山	幕府	工部省
	小坂鉱山	〃	〃
1870	弾薬製造所	和歌山藩	陸軍省
1871	集成館	薩摩藩	海軍省
	加州製鉄所	加賀藩	工部省
	萩鋳造所	長州藩	陸軍省
	大葛鉱山	秋田藩	工部省
1873	三池鉱山	柳川三池藩	〃
1874	高島鉱山	佐賀藩	〃
	阿仁鉱山	秋田藩	〃
	院内鉱山	〃	〃
	釜石鉱山	南部藩	〃

（出典）安藤良雄編『近代日本経済史要覧（第 2 版）』（東京大学出版会、1979 年）

松方財政

大久保・大隈に対して、伊藤博文《いとうひろぶみ》のもとでの「松方《まつかた》財政」（一八八一年、松方正義《まさよし》蔵相）は、超均衡《ちょうきんこう》のデフレ財政（「松方デフレ」といわれる）を強行し、軍備拡張と増税で、正貨の蓄積を図ろうとした。不換紙幣を整理して、近代的通貨・信用体制を整備し、日本銀行設立（八二年）、最初の兌換《だかん》銀行券の発行（八五年）、銀貨兌換の制、つまり銀本位制（八六年）を実施し、先の「官業」は民間に払い下げた。これらによって、農産物価格が下落し、小農の没落《ぼつらく》が進み、地主・小作人が分裂し、労働者階級が形成されるという流れとなった。

松方は「方今［目下］ノ急要ハ貨幣運用ノ基軸ヲ定メ、正貨［この場合は「銀」］ヲ蓄積シテ紙幣償却ノ元資［原資］ヲ充実セシメ、物産ヲ興隆シテ輸入ヲ制スルノ目的ヲ立テサル可《べ》カラス」と述べている。

企業勃興　一八八五年から八九年を中心に、その前後は「企業勃興」の時期といわれる。その終末の一八九〇年には恐慌に出会うが、このころの経済の展開をいくつかの数字で見ておこう。八五年から八九年の動きである。工業の会社数／資本金は、四九六／七七七万円から二五九／七〇二〇万円へ、綿糸紡績業の錘数《すいすう》／綿糸生産高は、五万九七〇四錘／一万五八八一梱《こん》から二一万五〇〇〇錘／六万七〇六四梱へ、などとなっている。この短期間に、鉱工業生産は一・五倍に、輸出は一・九倍に、なっている。

新しく「会社」と呼ばれる企業が次つぎに設立され、操業していった。それは、西欧の技術者を招聘しての技術導入もあり、また、それを自ら学んで応用した技術開発もあった。

資本主義の胎動である。

大日本帝国憲法と国政

内閣の発足　憲法のできる前、一八八五（明治一八）年一二月二日、「内閣制度」が発足し、伊藤博文が初代の内閣総理大臣に就任した。皇室とは別に、それと分離して、行政部を設定したのである。これにより、行政のことは天皇の責任から外された。

憲法草案の作成は、枢密院で行われた。伊藤は、そこで内閣総理大臣を黒田清隆《くろだきよたか》に譲って、自らは枢密院議長となり、草案作成を主導した。ここでは、憲法草案のほかに、皇室典範《てんぱん》、議院法、衆議院議員選挙法、貴族院令を確定していった。

憲法発布式

一八八九年二月一一日、「憲法発布式」が開かれた。自由民権運動が求め、それに政府が対応して作成された「大日本帝国憲法」（欽定《きんてい》憲法）の誕生である。その日は、神《じん》武《む》天皇即位の日とされている紀元前六六〇年を、太陽暦に読み替えて「紀元節」としたものである。発布式の前に「紀元節御親祭《ごしんさい》」が行われ、天皇が、この憲法を守ることをその先祖に誓った。その後、「憲法発布式」に進み、こんどは天皇が国民（「臣民」といった）に対してこれを発布した。それは、天皇によって、内閣総理大臣黒田清隆に「下付《かふ》」された。

大日本帝国憲法

この憲法には、次のような規定がある。

第一条　大日本帝国ハ万世《ばんせい》一系ノ天皇之《これ》ヲ統治ス

第三条　天皇ハ神聖ニシテ侵《おか》スヘカラス

第四条　天皇ハ国ノ元首ニシテ統治権《とうちけん》ヲ総攬《そうらん》シ此ノ憲法ノ条規ニ依リ之ヲ行フ

第五条　天皇ハ帝国議会ノ協賛ヲ以テ立法権ヲ行フ

第八条　天皇ハ公共ノ安全ヲ保持シ又ハ其《その》ノ災厄《さいやく》ヲ避クル為緊急ノ必要ニ由《よ》リ帝国議会閉会ノ場合ニ於テ法律ニ代ワルヘキ勅令《ちょくれい》ヲ発ス

第一一条　天皇ハ陸海空軍ヲ統帥《とうすい》ス［陸海軍は内閣から独立して天皇に直属する］

第五五条　国務各大臣ハ天皇ヲ輔弼《ほひつ》シ其ノ責《せめ》ニ任ス／凡《すべ》テ法律勅令其ノ他国務ニ関ル詔勅ハ国務大臣ノ副署ヲ要ス［「内閣総理大臣」の文字はない］

第五六条　枢密《すうみつ》顧問ハ枢密院官制ノ定ムル所ニ依リ天皇ノ諮詢《しじゅん》ニ応《こた》ヘ重要ノ国務ヲ審議ス［枢密院は天皇の任命による枢密顧問官によって構成され、条約案・勅令案など天皇の諮詢（諮問）に応え重要国務を審議し、憲法の解釈をも担当するとされた］

第五七条　司法権ハ天皇ノ名ニ於テ法律ニ依リ裁判所之ヲ行フ

語句の解説をつける。欽定＝君主の命による選定。万世一系＝永遠に同一の系統がつづくこと。多く皇統についていわれた（ただし、実際の皇統は「同一の系統」とはいいがたい）。総攬＝一手に掌握すること。勅令＝明治憲法下、帝国議会の協賛を経ず、天皇の大権により発せられた法令。統帥＝軍隊をまとめ率《ひき》いること。輔弼＝天皇の統治権の行使を助けること。諮詢＝問い諮《はか》ること、諮問。

右に見たように、天皇は、①世襲される、②神聖である、③日本国の元首であり、日本を統治する、④立法も行う、⑤勅令を出すこともできる、⑥軍隊を率いる、⑦枢密官の補佐を得て、ことを進める、⑧司法権は裁判所が行うが、天皇の名においてなされる、とある。

天皇の規定と実際

なお、「枢密院」とは、宮中に創設された天皇の最高顧問府で、大日本帝国憲法、皇室典範をはじめとする立憲政治の基本法令の審議を行なった行政府内でのチェック機関である。その構成員である「枢密顧問」は、各界の長老格の人びとで、終身の役職であった。

一方、「元老」というものがある。明治から昭和前期まで続いているが、後継首相選任や最重要国策の決定にあたって天皇を補佐した特定の政治家たちのことである。首相経験者や、薩摩・長州両藩出身政治家を「元勲」としたが、のち「元老」と名を変えた。総理大臣（首相）は彼らが選任して就任させる。日英同盟、日露開戦・講和など最重要政策決定の御前会議や、主要閣僚との合同会議に参加した。

このように、戦前の日本国は、国民の国家ではなく天皇の国家であり、内閣総理大臣は、天皇を背景に持つ「元老」が選定し、それを天皇が任命した。内閣や内閣総理大臣の行政権も弱く、元老が実権を握っている（このことが後に、「薩長藩閥政府」との批判を受けることになる）。

ただ、このことを天皇による絶対権力が支配したと受け取るのは正しくない、と多くの論者は指摘する。憲法の規定と現実には隔たりがあった。それは、天皇を戴くが、政策の決定には天皇はかかわらせなかった。つまり、政治／行政の具体的な責任を天皇が持つことが回避されるように、巧妙に運用されていたのである（末尾の「なぜ天皇が〈主権者〉になったのか」を参照）。

なお、天皇に認められていた統帥権《とうすいけん》（軍隊の最高指揮権）を軍部が利用し、行政部をほんろうした。つまり、軍隊のことは天皇の専権事項であり、軍隊に協力しないのは、天皇の意思に背《そむ》くことだという論理を振り回したのである。このことは、時代が進んでいくにつれて、しだいに強められていく。

国　会　国会は、貴族院と衆議院との二院制であった。貴族院は、華族・勅撰《ちょくせん》議員・多額納税者議員によって構成される。華族は、皇族の次、士族・平民の上に位置づけられ、公爵・侯爵・伯爵・子爵・男爵に区分されていた。勅撰議員は、天皇が任命する議員である。

衆議院は選挙制であったが、選挙権は一定額（当初は一五円、のちに一〇円）以上の男性の納税者に限られ、女性には与えられなかった。法律案は、衆議院を通過しても、貴族院が拒否すれば成立とはならず、また衆議院が予算案を否決した場合は、政府は前年度予算を執行できるとされた。

都道府県会　そして都道府県会が置かれたが、選挙制（制限つき）によっていてもその権限は弱く、国民の意思によって左右される県会ではなかった。また、都道府県は国の出先機関といってもいいようなもので、地方自治は認められていない。知事は、国が各地に派遣する官僚であった。

大田朝敷《おおたちょうふ》『沖縄県政五十年』（一九三二年）は、「今日の地方政治は、如何に発達した地方でも、その実権がその地方人にあるとは限らない。寧《むし》ろ何《いず》れの地方でも行政の実権は外来者［県外者］の手にある。自治の権域が狭い今日の地方制度に於ては、地方庁［県庁など］は内務省の出張所たるを免《まぬ》かれない」と述べている。まことに当を得た指摘である。

なぜ天皇が「主権者」になったのか

鈴木淳　鈴木淳《すずきじゅん》『維新の構想と展開』（日本の歴史20、講談社、二〇〇二年）は、次のように述べている。「伊藤博文《いとうひろぶみ》は枢密院で憲法草案審議をはじめるにあたって、欧州と日本の違いは、欧州では憲法政治の伝統があり、日本にはないこと、欧州では宗教が、すなわちキリスト教が深く人心に浸透して国家の基軸となっているが、日本の宗教にはそれだけの力がないことであると指摘し、日本では皇室を基軸とすると述べている。天皇への祭祀の集中は、ここに新たな位置付けを与えられていた」。

伊藤之雄

伊藤之雄《いとうゆきお》『政党政治と天皇』(日本の歴史22、講談社、二〇〇二年)は、次のように述べている。「『大日本帝国憲法』には「天皇の政治関与を保障する有名な条文があることも事実である」。しかし、一方で「国務大臣も天皇の行為を制約していた」。そして、「天皇は神聖にして侵すべからず(第三条)との有名な条文は、天皇が法律上や政治上の責任を問われないというものであり、君主が自由にさまざまなことをすることができるという意味ではない」。

小路田泰直

小路田泰直《こじたやすなお》「天皇主権の確立」(歴史学研究会・日本史研究会編『近代の成立』日本史講座8、二〇〇五年)は、「日本の近代はなぜ天皇制という制度を必要としたのか、天皇という主権者を生みだしたのか」を論じている。そして、このことを考えるとき、単に「古代天皇制の復活」とするのではなく、「近代に固有の君主制」として考える視点が大切だという。

小路田はまず、「ではこの国の近代において主権者とはいったいどのようなものとして認識されたのか」と問いつつ、当時の思想家の議論を紹介し、「主権者とは、一般的にいえば、外に対しては国家を代表し、内に対してはあらゆる権力を超越する絶対者のことであるが、近代日本においては、それは、欲望の自由の保障された現代においてなお〈賢愚 強弱 尊卑 貧富〉の共存を可能にするまさに福祉の主体として認識されていた」と整理している。それが「真の国民代表」というものであるが、それがなぜ天皇になったのか。「近代日本の主権者は、自らを規律する上位規範として必ず民意（世論）をいただかなくてはならない存在であり、〈真の国民代表〉として正当化されなくてはならない存在だった」、「民意に従わなくてはならない存在が、神であるはずがなかった」。「一八世紀末から一九世紀にかけて天皇に関しては、その権威を人としての徳、したがって民意にもとづく権威として理解する認識がすでに存在していたのである。だから天皇は、〈真の国民代表〉としての側面をもつ近代の主権者になる資格をもっていたのである」。「それにたいしてもう一人の主権候補者、征夷大将軍（将軍）は、その権威を人としての徳にもとづく権威として絶対化する論理を、幕末に至るまで、ついにもちえなかったのである」。「幕末の段階で、人としての徳にもとづいて君主になる資格を備えていたのは、事実上天皇だけだったのである。それに加えて天皇には古代以来の神の子孫としての権威が備わっていた。だからこの国の近代において内政と外交の急速な官僚化が求められ、強力な主権者の必要が実感されたとき、その主権者には天皇が選ばれたのである。そしてその選択を促すために尊王攘夷（倒幕）運動はひきおこされたのである」。天皇が「親政」をする（自ら政治を行う）、しかしそのもとに「独裁官」はおかない、おけない。「といって血統でもって皇位をついでゆく天皇に、政治責任を伴うその〈独裁官〉の実質をもたせるわけにもいかなかった」。そこで「内閣総理大臣」に「独裁官」としての役割を委任することになるのである。「かくて天皇主権は、天皇が人としての主体性を問われる君主に完全に脱皮した王政復古の時点においてではなく、立憲制の確立した一八九〇［明治二三］年の時点において一応の完成をみたのである」。

ここでは、天皇と、国民／民衆との対比がない。天皇と将軍との対比だけである。

牧原憲夫

牧原憲夫《まきはらのりお》『民権と憲法』（シリーズ日本近現代史②、岩波書店、二〇〇六年）は、次のように述べている。「天皇制と立憲制をいかに接合するか、それが十数年間にわたる政治闘争の焦点だった。形式的にせよ国民の権利・自由を保障し、天皇大権に一定の制限を加えないかぎり、西洋諸国から近代的な憲法と認められず、国内の政治的安定も確保できない、ということを天皇や保守派も認めるほかなかった。／その一方で、……天皇の統治権は〈祖宗《そそう》〉〈皇祖皇宗《こうそこうそう》〉つまり神武天皇にはじまる歴代天皇から受け継いだものとされた。第一条〈大日本帝国は万世一系の天皇これを統治す〉はこの原則の明快な宣言だった」。「しかし同時に、憲法第四条が示すように、統治権の具体的な発動は議会によって制約された。……つまり、〈輔弼《ほひつ》〉〈協賛〉といったきわめて〝控え目〟な表現ながら、基本的には天皇が政府を無視したり、政府が議会を無視することはできない仕組みになっており、現実の政治過程では天皇主権と立憲主義がつねにせめぎ合うほかなかったのである」。また「枢密院《すうみついん》」などが設けられたことを指摘しつつ、こういう。「つまり、内閣には国政を統一的に運営できる権限がなく、いくつもの補佐機関が天皇をとりまいていた。これは官僚・軍部など諸勢力の相互牽制《けんせい》の結果であるとともに、最終的な決定権をもつ天皇に政治責任を及ぼさないための安全装置でもあった」。実際にはどうだったか。「天皇は〈輔弼〉にもとづく受動的な君主であるとともに、ときに独自の判断をくだす能動的君主であった」。

三谷太一郎

三谷太一郎《みたにたいちろう》『日本の近代とは何であったか』（岩波書店、二〇一七年）もある。三谷は「日本の近代とは、明確な意図と計画をもって行われた前例のない歴史形成の結果」だったという認識に立っている。つまり、「ヨーロッパ先進国、とりわけ英国」でつくられた像を求めて、それをモデルとして、意識的、計画的に、日本を近代社会にしていこうと考え、追求したのである。当時の識者たち、とりわけ伊藤博文は、その一つとして「ヨーロッパ文明の基盤をなす宗教」であるキリスト教を導入しようと考えた。もちろん、キリスト教そのものではなく、「ヨーロッパにおいてキリスト教が果たしている〈国家の基軸〉としての機能」を導入しようとしたのである。その機能を「日本で果たし得るものは何か」と考えたとき、行き着いたのが「天皇」だった。日本では、仏教や他の宗教は力が弱くて、「国家の基軸」にはなり得ないと判断されたのである。「神としての天皇」ではなく、「神格化された天皇」がそれだった。

大日本帝国憲法第三条には「天皇ハ神聖ニシテ侵《おか》スヘカラス」とある。それは、天皇は「行動しない、故に政治的法律的責任を負わない」という意味である。一方、第一条には「大日本帝国ハ万《ばん》世《せい》一系ノ天皇之《これ》ヲ統治ス」とある。両者は相反している、ということになる。三谷は、「そこで憲法ではなく、憲法外で〈神聖不可侵性〉を体現する天皇の超立憲的性格を積極的に明示したのが〈教育勅語〉だった」と述べている。

第6話

「外からの目」で見た明治期の沖縄

「琉球王国」は、いったん「琉球藩」とされたあと、いわゆる「琉球処分」をへて、「沖縄県」となる。ただ「旧慣」は残されている。そのころ（一九世紀後半）の沖縄はどのような社会だったのか。一方の日本は「西洋並み」を目指して、激動していく。その日本の影響をどう受けたのか、受けなかったのか。

当時の「外からの観察者」の眼で見た記録がいくつかある。そのなかから、特徴的な章句を拾ってみる。原文のままではなく、わかりやすく言い換える。ただし、原文のニュアンスを一部でも伝えるため、「　」をしてその言葉遣いを採用する。また、私の説明は（　）内に示し、それが引用文の中の場合は［　］とする。

このような方法をとるのは、当時の沖縄の人びとは自らの生活について記録することがほとんどなかったからである。

河原田盛美

河原田盛美《かわらだもりよし》「琉球備忘録《びぼうろく》」は、一八七五（明治八）年の記録である（『〈旧版〉沖縄県史』14、一九六五年）。河原田は、「内務中録」で、「琉球藩」に勤めていた。

「琉球備忘録」

河原田はいう。鹿児島県から来ている商人が四〇～五〇人、あるいは一〇〇人前後ある。その中には「粗暴」な者もあって、琉球人はこれを恐れている。ここの「商賈《しょうこ》」（商売）は、みな婦人がしている。現金の取り引きはなく、掛けが多く、支払いが遅れることが多い。婦人が「学問」をすることは禁じられている。農民は少しも字を知らない。「農」は習慣に任せ、「耕桑巧作の術」（新しい技術）を講じていない。「工」は、「器械功作」が何たるかを知らない。「商」は、婦人が小さな利益を得るだけのもので、「賤業《せんぎょう》」（賤《いや》しい生業《なりわい》。とるにたりない商売）にとどまっている。山野に蘇《そ》鉄《てつ》を植えていて、「機饉［飢饉《ききん》］凶作」の備えとしている。「山野海池」には自然の産物があるのに、これを放置している。

「琉球紀行」

河原田盛美「琉球紀行」は、一八七六（明治九）年の記録である。同じく『〈旧版〉沖縄県史』14に収録されている。

ここでは河原田は次のように記している。首里・那覇には、「遊手徒食《としょく》」（何の仕事もせずに遊び暮らす）の輩《やから》が多い。「士・農・工」は男だが、「商」はみな「婦人の業《なりわい》」である。男で商売を営む者はない。「商」はかならず婦人のするものであるようだ。婦人は商品を頭上に載せて、市中を歩き、あるいは道端に商品を並べる。「市店」（商店）は、小さなものが、わずかに那覇の東町《ひがしまち》に七〜八軒ある。「戸主」でありながら、その妻に養われる者が多い。風呂場がない。寺は、真言宗《しんごんしゅう》と禅宗《ぜんしゅう》の二つの系統だけである。女子は、六〜七歳のころに、五本の指に「入墨《いれずみ》」（針突《ハジチ》）をして、二四〜二五歳になると、「手甲」にことごとく「円形または角形の入墨」をする。「中以下」の者はみな「跣足《はだし》」で歩いている。これまで女子には学問をさせなかった。「漢学」を大事にするので、「本古類」（日本の図書か）を焼き捨てている。首里・那覇・久米《くめ》・泊《とまり》の土地は「無税」であるが、「官吏」が「内地」に出張するときは、その費用を徴収される。「久米村は閩人《ビンじん》［中国福建省の人］の移住したもの」で、「二百余戸」あり、みな中国語を学び、あるいは中国に留学し、福建省に勤め、「進貢《しんこう》・接貢《せっこう》」の「通事」（通訳）をするなど、中国関係の仕事をしている。琉球の言語は、みな日本語であって、別にこの地に固有の言語があるわけではない。

貨幣は流通せず

河原田「琉球紀行」では以下のように記されている。「日本に属していながら、日本の貨幣が通用していないのはなぜか」と聞かれたことがあるが、「いま通用しているのは、日本の寛永通宝《かんえいつうほう》であって、これ以外に琉球の貨幣があるわけではない。また、外国の貨幣を通用させているのでもない。いまは金銀貨幣・楮幣《ちょへい》［紙幣］は下民までは通用していない」と答えた。

なお、別の文献であるが、貨幣の流通がないことを示したものがある。「琉球藩ノ貢米上納ニ関スル件」第一付属書一（明治六年四月一二日）というもので、この件で、上野景範名で、太政大臣・三条実美《さんじょうさねとみ》に宛てた「琉球藩ヨリ貢米上納方之義伺」という文書である。日付は同年七月二九日とある（『〈旧版〉沖縄県史』12）。この中に、「金銀ノ通融茂《も》無御座《ござなく》」、「金銀ノ通融無之《これなく》現銭モ不自由之場所柄ニテ於当地者《とうちにおいては》代銀ノ手当全ク難相調《あいととのえがたし》」とある。

士族・書籍ほか

那覇に「士族」という者がおよそ一〇〇〇余人ある。みな「無禄」（給料がない）で、いずれ役職に就《つ》ければ、家が富むことになる。琉球の人は「書籍保存の心」がない。それぞれが持っている書籍も、ことごとくシミがついている。ここには、「著述・編輯《へんしゅう》・翻訳《ほんやく》・書林［書店］」の「四家」がないからである。「ヤブ」といって、ハブなどの毒の治療をするほか、病気の患者や産婦の治療をしている。ここでは、「王子・按司《あじ》・親方《ウェーカタ》」の妻子まで、つねに「紡績・織縫」（糸紡《つむ》ぎ・織物・裁縫）に努めている。女子が嫁《か》するときは、かならず「績織工具」を夫の家に持参する。ただし、婦女子に学問はさせない。

河原田盛美『沖縄物産志』

河原田盛美《かわらだもりよし》が一八八四（明治一七）年に著わした『沖縄物産志』という書き物がある（増田昭子《ますだしょうこ》編『沖縄物産志』平凡社、二〇一五年）。その中から、いくつか拾ってみる。要点をとって、わかりやすく言い換える。ここでは、〈　〉内が原文の用法である。

米・大豆・菜種・大根

米については、次のように述べている。「島人の常食は〈甘藷《カライモ》〉なので、米はあまり作らない。二八の島全体で、一年に三万二〇〇〇石程度である。米を常食とするのは、首里・那覇の上流階級だけである。水田は甘藷畑よりも価格が安い。米は年に二度の収穫があるが、二度目は収穫後（刈った後）の根からまた生えてくるのを刈るのである（ひこばえ・またばえ。これは二期作ではない）。米の味は〈南京米《ナンキンまい》〉に似ている（南方系の米を予想させる）。ただ、どの島も、水田として開墾する余地はきわめて多い。農家は、肥料を用いることを知らない」。「〈稲扱器具《イネコキ》〉を使うのは〈稀《ま》れ〉であって、穂を手で扱《こ》きとる」（のちの時代にもあった、割り箸二本のようなものに挟んで、穂を扱くのである）。

次は、大豆についてである。「品質が悪い。それは肥料を施《ほどこ》さず、新しい品種を取り入れることがないからである。〈島人〉は、豆腐とみそ汁を好んでよく摂《と》っている。各地に豆腐屋がある。そのため、大豆を消費する量はきわめて多い」。大豆の種類として、本大豆（ホンラエゼ）、白大豆（ハクラエジ）、唐豆（タウマアミ）、青豆（アウマアミ）、下大豆（シラエゼ）、クロマメがある（カッコ内は方言）。

菜種《なたね》について、「島民は、食用の油には〈豚脂《ブタアブラ》〉を使う。灯油はあまり使わないが、薩摩から輸入している」とある。落花生《らっかせい》は、『どの島もこれを作っている。煮たり煎《い》ったりしている。実が熟したものを貢租として上納する。〈旧藩王〉の食料となる」とある。大根には「〈薩摩桜島大根の種を移植〉した、巨大なものがあり、味は佳《よ》い」とある（「島大根」のことだろう）。

甘　藷

甘藷（蕃薯《ばんしょ》とも）については、次のように述べている。「島人の常食なので、〈藷畑《いもばたけ》〉は水田より値が高い。藷は苗を仕立てることがなく、植える時期も決まっていない。芽のついた葉を採って挿《さ》し込むのである。毎日の食用に、そのつど畑から掘ってきて煮て食べている。甘藷から〈焼酎〉を作ることもあるが、多くはない（泡盛とは書かれていない）。甘藷からとった澱粉はイモクズといって、昔から清国に輸出している。〈藷葉《いものは》〉は、みそ汁などの具に使うほか、ひたし物として食べる。豚のえさにもなる。もともとの常食は主に粟《あわ》だった（甘藷は一七世紀の初めに中国・福建から伝わったので、「それ以前は」ということになる）。フィリピンからも伝わったことがあったが、福建から伝わったものが質が良い（甘藷はフィリピンを経由して福建から伝わった）。それでカライモという（沖縄ではそうはいわない、ただンム・ウムという）。私（河原田）が明治八年に、琉球藩内務省出張所に勤務していた時に調べたところ、一年の産額は一億三五〇〇万斤（八万一〇〇〇トン）だった。一人あたり消費は一〇八〇斤（六四八キログラム）、金額にすれば一斤二厘なので、二円一六銭にしか当たらず、とても安い生活費になっている」。

蘇　鉄

そてつ（蘇鉄）についての記述もある。「一一月に実が熟して、これを採って乾し、粉にして、団子を作って食べる。また、〈蘇鉄葛《そてつくず》〉がある。これは、幹を打ち砕いて、水に入れて、澱粉を取るのである。山や岡、原野など、畑にすることのできない土地には、どこにでも植えられていて、〈凶荒《きょうこう》〉（不作）の備えとしている。蘇鉄の植付けを担当している役人がいて、蘇鉄の繁殖のことを掌《つかさど》っている。ある本に、実を食べてはならないとあるが、琉球人は食べている」。

家　畜　次は家畜に関することである。「琉球の島々では、どんな僻地《へきち》でも、どの家庭も、鶏を飼っている。一戸あたり多いのは二〇羽以上、少なくても五、六羽である。これは野外に放たれている。餌《えさ》は、鶏自身が虫をとって食べる以外に、甘藷を煮たものを与える。また、人の食べ残した屑を与えることも多い。客が来れば、かならず〈鶏汁《トリノシル》〉を出す。珍客には、〈鶏飯《けいはん》〉を出す」。

山羊《やぎ》も「島々の住民は、みな飼養している。これを食べるには、皮のまま毛を焼ききって、塩または醤油で煮て食べる。病人に与えれば、〈百病治す〉（どんな病気も治る）という」。

豚も「島々では、みな飼養している」。

牛も「どこでも飼っていて、砂糖絞りの〈榷木《かくぼく》〉（丸太、軸木《じくぎ》）を引かせる。荷物も運搬する。那覇市では、冬にはよくつぶして食べる」。

馬については、次のとおり。「元来、琉球の馬は形は小さいけれど、久米島産のものはやや大きい。すべて琉球諸島の馬は、その性質が温和で、よく荷物を負って、乗馬すればけわしい道も厭《いと》わずに走る。王府には〈厩役《うまややく》〉があって、〈官馬〉を飼養していた」。

織　物　織物についての記述もある。紺地縞細上布《こんじしまほそじょうふ》「これを織るのは宮古島に限られている。ただし、原料の苧麻《ちょま》（からむし）は、沖縄・大島などで生産し、宮古島に輸出する。宮古の婦人は、この苧麻を績《う》んで紡《つむ》ぎ（細く裂いて長く繋《つな》いで撚《よ》り合わせる）、藍《あい》で染めて織る。染めるのには、上・中・下の三段がある。糸にも優劣がある。糸の細い上等のものは二三升《よみ》といい、二〇升、一九升から一六升まである。最上のものを〈御召《おめし》〉といい、〈旧藩王〉の着用とする。次を〈蔵方《くらかた》〉といい〈御物《ごもつ》〉という。これらは〈貢租〉として納めるものである。それ以下を〈売物《バイブッ》〉という。上等の紐《ひも》を染めるには、一度は藍に入れ、よく乾して、水で洗ってまた乾し、また藍で染める。これを五回くりかえす。三度や二度のものもいい品ではあるが、売物は一度染めである。一年の産額は、貢租と売物をあわせて二〇〇〇反を超えない。ただ、その価格は一万五〇〇〇円にもなる。上等のものは一反三〇円あまりのものもある」。

白地紺縞《こんしま》細上布「これを織るのは八重山島だけである。原料の苧麻は沖縄島から輸入する。紺地を織ったことはない」。

繭《まゆ》を原料にして紬《つむぎ》が織られるが、「久米島で紬を染めるには、まず糸を〈コール〉という蔓《つる》の根で染め、煮て、田の水（〈ヌタ〉という）で染めて紫色にする。〈クロサ〉の木の葉で染めれば黒色となる。貢納紬六〇〇反」という。

砂糖　最後は砂糖である。まず「黒砂糖」として、「沖縄島と伊江島で産する。慶良間《けらま》以南［先島を含む］では産しない。明治八年の調査では、産額およそ五〇〇万斤［三〇〇〇トン］である」とある。また、別の項に「砂糖（黒糖なり）」というのがある。「一年の産額はおよそ六〇〇万斤から七〇〇万斤［三六〇〇〜四二〇〇トン］である。沖縄諸島に多い。〈藩の貢糖〉（琉球藩から薩摩への貢糖）九七万斤［五八〇トン］」、そのほか王府用として定額で買い上げるもの［買上糖のことであろうが、「買上」とあっても代金を払うのではなく、租税として収納するのである］が二四八万〇二三九斤［一四九〇トン］ある。そのほか、〈鹿児島県下の商人〉らが買い取って大坂に輸送している［焼過糖《たきか》と思われる。これは租税ではない］。〈藩庁〉（王府）買い上げの定価は、九一万五〇八〇斤余り［五五〇トン］は、一〇〇斤あたり〈琉目銭〉八〇貫文、日本の一円六〇銭で、一方、三二万七四一四斤［二〇〇トン］あまりは、一〇〇斤あたり〈琉目銭〉一五〇貫文、日本の三円である」。

伊地知貞馨『沖縄志』

伊地知貞馨《いじちさだか》『沖縄志』は、一八七七（明治一〇）年に刊行されている。伊地知は、「明治五年琉球藩が設置されるや、同藩の外務省管轄時代（明治五年九月〜同七年七月）は外務省六等出仕として、更に内務省移管（明治七年七月）後も六等出仕として琉球藩事務を担当した。そして大久保利通《おおくぼとしみち》（内務卿）が登用した松田道之（内務大丞、のち内務大書記官）が琉球問題に参画（明治八年五月〜）して間もなく、明治九年二月、貞馨は出仕免となった」（原口邦紘《はらぐちくにひろ》「外務省六等出仕伊地知貞馨と琉球藩」、『西南地域史研究』第七輯、一九九二年）。

本書は、のちに東京帝国大学文科大学教授となる重野安繹《しげのやすつぐ》が、校閲している。その中から、明治初期の状況を示す記述を選び出してみる。なお、同書は、一九八二（昭和五七）年に復刻・刊行された。

農業と食生活

蕃薯《ばんしょ》（甘藷）は「二年に五収する」といっている。これは不正確で、先に見た河原田の記述（必要なだけ収穫し、すぐその茎葉を植える）が正しいであろう。稲は「再収」（二度収穫）できるのだが、「水沢」（川や沢の水の便）が乏しいので、そうしている土地は少ない（水の便が良くないので、二度収穫している所は少ない）。「河水」を「土田」に灌漑《かんがい》することは少なく、「雨水を仰」いでいる。各地とも多くは「天水田《てんすいでん》」なので、収穫に便利ではない（収穫時に田を乾かして作業をすることができない）。そこで、刈り取った稲を「埒《らち》」（柵）に架けて乾かす。

人びとは「雑穀と蕃薯」を「常食」としている。「米稲」を食べる者は、とても少ない。ことに、「肉食を尚《たっと》ぶ」。「首里・那覇の市場」には、「毎朝、豚を屠《ほふ》る」のが「各々二百余頭」、「牛は一、二頭」。「豚膏《とんこう》（豚の油）で野菜類を熬《い》って（煎《い》って）、朝夕の食事に備える」。

「那覇市街」の人びとの多くは、「雨水を蓄えて」水を使っている（戦後の沖縄でもそうだった。雨水を屋根や樋《とい》から集めて、桶などに蓄える）。

「婦人は、紡織に従事して、かつて字を知る者なし」。

貨幣と売買

「金銀貨」はなく、「楮幣《ちょへい》」（紙幣）もない。「寛永小銅銭」（寛永通宝）があるだけである。「冊使」（冊封使）が来れば、あらかじめ「清国銭」を備えて、かれらの滞在中はこれを用い、「寛永銭」（寛永通宝）は隠して表に出さない。それは、寛永通宝が清国に「流出」して、「国用」が乏しくなるのを恐れるからである。

「布帛《ふはく》」（織物）などの「諸品」を「売買するのは、みな女子である」。ただし、「算法」を知っていない。「縄を結んで符《しるし》として、数万貫の銭を即時に計算してしまう」（独自の計算法・藁算《わらざん》があるのであって、「算法を知らない」のではなかろう）。「長い間、小さな銅銭［寛永通宝］を使い慣れていて、急に金銀・楮幣を施《ほどこ》すことは難しいようだ」。

衣服など

「下等の農民」にあっては、衣服はすたれ、「跣《はだし》」で歩き、「矯屋《きょうおく》」（狭い家）の土間に立ち居し、「野蛮の風」を免れないが、「農事に勉励し、少しも労苦を感じさせない」。山の頂から海辺に至るまで「開墾」し、「耕耘・栽培」は「遺漏《いろう》」（手抜かり）はない。内法で「毎戸、三、四頭」の「羊豚」（山羊や豚）を飼わせて、その「糞汁《ふんじゅう》」（屎尿《しにょう》）を蓄えて、「田圃《たんぼ》」の「培養《ばいよう》とする」（肥料にする）。飼養する数が少ないと、罰金を命ぜられる。「士・商」は、「男逸《だんいつ》」（男はよく働かない）、「女労《じょろう》」（女はよく働く）である。

田代安定「先島回覧意見書」

田代安定《たしろやすさだ》は、一八八二（明治一五）年に「沖縄県下先島《さきしま》回覧意見書」を書いている（『沖縄県農林水産行政史』第一〇巻、一九八一年。私はその「校注」をした、沖縄国際大学南島文化研究所編『石垣島調査報告書（1）』二〇〇三年）。彼の肩書は「鹿児島県御用係・農商務省御用係兼務」である。本人は「ただ、一人の植物学生だ」と述べている。

石垣島

まず、石垣島についてである。「石垣島は、西表《いりおもて》島とともに、八重山島と呼ばれる大きな島である」。「この島は、中央に木々の茂った山岳があり、島の周りは荒れ野となっていて、人が居住することは可能である」。「人びとは、古くからの慣習にしたがって、ただ起きて眠って三度の食事をとることのほかに、考えることがない」。「土地の多くが荒れていて、開墾が可能である。畑にも水田にも牧場にもできると思われる」。「作物としては、第一に甘蔗《かんしゃ》、第二に草棉《わた》を勧めたい。乾燥していて石灰質の多い所には甘蔗を、土質がよく風害の少ない所には草棉がいい」。

「これらの作物の次に利益が見込まれるのは、牧場であろう。この島の原野の雑草はイネ科の植物であり、ことにチガヤが多い」。「この島には放牧された牛馬がおり、しばしばその群れを見る。牛は、大きく太っていて、西洋の品種に似ている。ただし、馬は、他の島と同じように、体格は大きくなく、容貌も優美ではないが、険《けわ》しい所を走り、水を渡ることの巧みであることは、内地の馬の及ぶところではない。今後は農務局から指導者を呼んで、牧畜の改良に取り組めば、成果を上げることができるだろう」。

「先島諸島（宮古も含めて）には塩田がない。食塩は那覇から輸入している。こんごは開拓の準備として、塩田を設ける必要がある。この島の川平《かびら》あたりには、塩田に充てることのできる干潟《ひがた》がある」。

「この島の山林は、依然として原始林であり、まだ伐採されたことがない。いま山中にある植物のなかで目立つのは、紫檀《したん》・黒檀《こくたん》・桑《くわ》・栴檀《せんだん》・椎《しい》の木・樫《かし》の木などである」。「気候は、急に熱くなったり寒くなったりして、マラリアに罹《かか》って命を落とす者が少なくない。この島を開拓するには、その対策が必要となる」。

西表島は、島には上陸せず、「遠望」しただけである。「この島には、〈風気病（即チ毒）〉が旺盛であるので、人はあまり住んでいない」という。

宮古島

宮古島については、次のとおりである。「島人の話では、島のすべては開墾し尽くされているというが、私の目では、熱心に耕作しているようには見えない」。「この島は、〈農産物の宝庫〉で、これまで細上布《ほそじょうふ》・粟《あわ》・粱《あわ》・煙草《たばこ》などの産物があるが、これからは甘蔗に力を入れるべきであろう。大きな島であるのに、甘蔗を生産しないのは欠点である」。「名高い細上布の原料［苧麻］は、沖縄本島から輸入している。そこで、あちらが不作になれば、上布を織ることができない。宮古島自身で作るべきである」。

「上杉県令巡回日誌」ほか

第二代沖縄県令・上杉茂憲《うえすぎもちのり》は「上杉県令巡回日誌」を残している（『〈旧版〉沖縄県史』11、一九六五年、また『沖縄県史料』近代4・上杉県令沖縄関係資料、一九八三年、に再録された）。その中から、明治一四〜一五年当時の社会・経済状況を描いた部分を拾い出してみる。また、「上杉県令沖縄本島巡回日誌・附録」というものもあり、重複は多いが、これによって記述を補う。

島尻

沖縄本島南部（島尻《しまじり》）については、次のように記している（「巡回日誌」天《てん》・島尻の部）。小禄村《おろくむら》（今の那覇市小禄の字小禄であろう）の「飛白《かすり》（絣）織」を訪ねた。その家はひさし（庇）が低く、小さくて、茅《かや》で屋根を葺《ふ》き、床に畳なく、藁筵《わらむしろ》を敷いてある。「作物の豊凶」を訪ねると、「今年の春二月・三月は甘藷が払底《ふってい》して、蘇鉄《そてつ》も食べたが、六月・七月になって回復し、今では不足はない」と答えている（附録）。兼城村《かねぐすく》（今の糸満市兼城）ではフール（豚舎兼便所）を経験している。「すこぶる驚けり」。

現地の説明によれば、喜屋武間切《きゃんまぎり》（今の糸満市に含まれる）の六村は、すべて「宿債《しゅくさい》」（以前からの負債）がある。合わせて一万二〇〇〇円に上る。多くの土地が海に面していて、時に台風の時に甘藷や甘蔗の畑が被害を受けて凶作となり、負債が積もったのである。しかし、今は糖価が高いので、砂糖（焼過糖《たきかとう》＝貢糖・買上糖を超える砂糖）の生産を増やし、そのうち解消できるだろう、とのこと。同様の話は、他の多くの村でも聞かれた（当時は納税者は「村」であったから、この負債は個人としてのそれではなく、村としての負債である。来間）。生徒数が少ない理由を聞くと、「人びとはもっぱら農業に就いていて、筆算などに意を用いる余裕がない」と答えている（附録）。

真壁《まかべ》（今の糸満市に含まれる）番所で昼食の接待を受けた。膳《ぜん》は高いのも低いのもあり、皿などもさまざまで一様ではない。歩いてみると、至る所の畑に、石を集めて塁々と積み上げ、小さな丘のようになっている。石の多い土地柄なので、畑を拓くときに出てくる石を積み上げたものだと「想像」した（石灰岩が風化してできた土壌なので、石灰岩そのものも至る所にある。これを拾って畑の境界などに積み上げ、石垣のようにしたもの。来間)。

東風平村《こちんだむら》(今の八重瀬町に含まれる)は、道路の「泥濘《でぃねい》」が深い。ここでも負債が二万五〇〇〇円あり、砂糖の生産を増やして解消する予定との話が出た。農地が甘蔗に奪われて甘藷の生産が不足し、「二、三月ごろは蘇鉄を食べる」という。「博覧会」で「農具其の他、種々の器械」を見たが、「農具は土地[沖縄の土地]に適さず」、「種物」も「器械」も同じだと答えている。

東風平を出て、玉城《たまぐすく》(今の南城市に含まれる)に行く。農夫が「泥沢の水田」を耕している。「耕牛」が田に入っているが、「四蹄」(四足)とも深く沈んで、なかなか足を抜くことができない。水の深さは牛の脇腹に及んでいる(ユビ田という。来間)。玉城間切冨名腰村《フナコシむら》で、「島尻(本島南部)中、第一の豪農」、「上門《うえじょう》好松の家」を訪ねている。木々が周囲を囲み、大きな家で、あちこちの「番所」など及びもしない。茶を飲み、煙草を吸って、この家を出る(後世に言う「船越ウェーキ」である。来間)。

知念《ちねん》間切(今の南城市に含まれる)では、「砂糖の産出」は少ないが「其額《その》三万九〇〇〇斤(二三トン)」もあって、「貧民なし、負債なし、身売なし」という。「砂糖の搾り」は「旧暦の一二月より」始める。

佐敷《さしき》間切(今の南城市に含まれる)で、「廃藩後」を以前と比べて「人民の生計」はどうかとの問いに対して、「雑租を除かれ、徭役《ようえき》が少ないので、新政の恩恵を受けていると答えている。別の村でも同様の答えである(「徭役が少ない」というのは、以前は役人の指揮監督に従って、農作業をしたり、製糖をしていたのを「徭役」と表現したものであろう。それが、近年は少なくなったという。来間)。

大里《おおざと》間切を経て、南風原《はえばる》、真和志《まわし》に行く。同様の対話が続く。

中頭

沖縄本島中部（中頭《なかがみ》）と北部（国頭《くにがみ》）については、次のように記している（「巡回日誌」地《ち》・西原間切から国頭《くにがみ》間切まで）。西原間切（今の西原町）では、「間切の貧富」の状況を聞かれて、「中等より上にある。なぜなら、この間切は首里に近い。蔬菜その他いろいろな田園の産出物の価格が良いためである」と答えている（蔬菜などを首里に担いで売りに行っていたのである。来間）。また、米は二〇〇〇石、砂糖は三六万斤、甘蔗面積は一〇万坪と答えている。

宜野湾村《ぎのわんむら》や野嵩村《のだけむら》（いずれも今の宜野湾市内）を経て中頭役所（番所）に至る。ここでも、「旧藩の時」に比べると「立ち安い」というので、理由を聞くと、「徭役」がなくなったと答えている。

越来村《ごえくむら》を経て美里《みさと》番所に至る（いずれも今の沖縄市内）。山について聞くと、「官林」だけだと答えている（山はすべて官のものとされていた。来間）。「山の取り締まり」は「山当《やまアタイ》」が担当している。

「沖縄に風呂なし」という書き込みもある。

宮里村《みやざとむら》・高江洲《たかえす》村・西原《にしはら》村・内間《うちま》村・平安名《へんな》村・上江洲《うえず》村・平敷《へしき》村を経て勝連《かつれん》番所に至る。綿花について聞くと、「家々で衣類を作るに不足はない」と答えている。津堅《つけん》島の人口は四〇〇〇人、「甘藷は他所より味がいい」という。

与那城《よなぐすく》（今のうるま市内）番所に至る。「農家の子弟は、一二・一三歳になると牛馬の草を刈らせ、子守をさせる」、だから子供らをすべて修業させるのは難しいが、「まずは一戸一名ずつ」は修業させたい。「豪農の家」を二、三訪ねる。各戸に井戸があって、その水を汲むには、クバの葉の両端を束ねていて、花活《い》けに用いる釣り船の形に似ている。平安座島《へんざ》に渡り、また伊計島《いけい》を遠望する。平安座には「海水が浅くて一、二寸［三〜六センチ］しかない」ので、歩いて渡る。

与那城番所に戻って、そこを発ち、具志川《ぐしかわ》（ここも今のうるま市内）番所に至る。間切と村々の「負債」は合わせて一万円ほどあるが、今はすべて間切の負債としている。学校の設立が遅れているので、急いで取り組むように、そして「学問はやらねばならないということは分かっているか」といわれて、「分ってはいるが、村中の子弟をすべて就学させることははなはだ難しい」と答えている。

具志川番所を出て、田場《たば》村・天願《てんがん》寺《じ》村・川崎《かわさき》村・東恩納《ひがおんな》村・石川《いしかわ》村（いずれも今のうるま市内）と進み、「豪農」の「石川善行の家」で少し休む。

国　頭　国頭役所長が「金武《きん》の村吏」を伴って迎える。村吏は「ゆうなの葉」を懐《ふところ》から出して、洟《はな》をかんだ。人びとは「厠《かわや》」（便所）で「脱糞後」にもこの「ゆうなの葉」を使うという。

金武番所に着く。「官林」で取れる「薪《まき》は与那原《よなばる》に出して、煙草などと交易する」。「山は多いが、材木にできる大木はない」。漁業はしていないというが、してはどうかと問うと、「漁業の器械がない」と答えている。学校の設立については、「ぜひ設立すべきと思ってはいるが、資本金がなく、開設は難しい」という。

金武番所を出て漢那《かんな》村に入る。倉が七つあって、いずれも下方を開けて風を通し、湿りを避けるようにし、その上に「米穀」を蓄えている。山に沿って石や木の枝を積み、イノシシやシカに備えている。人びとはこれを「猪垣」（猪墻とも）という（「いのがき」と読むか「ししがき」と読むかは不明。来間）。「田倒しの蕃薯」を見る（稲を刈った後に中央部の土を高くして植える甘藷。来間）。

久志《くし》村（今の名護市内）に行く。「豪農」の「宮里錦十郎の宅」で昼食をとる。大浦《おおうら》湾から舟に乗る。辺野古《へのこ》村（今の名護市内）があって、海に「三箇の危礁［高い岩礁］と三、四の小粒岩がある」。

久志番所に着く。以前より楽になったのはなぜかと問うと、「支那［中国］渡航の船材を課されて疲弊していたが、今はそれがなくなった」と答えている。ここでも猪垣のことを話題にしている。また、漁業を勧めている。

上杉県令の説明書

表題は欠けているが、上杉県令が、「地方役場吏員更生」にかかわって内務卿と大蔵卿に提出した、明治一五（一八八二）年五月の文書がある（『〈旧版〉沖縄県史』12・沖縄県関係各省公文書1）。その中からいくつか拾ってみる。

庶民生活については、次の記述がある。「村吏員等ノ家ヲ除クノ外 其家屋ハ小丸木ヲ柱トシ 葺《ふ》クニ茅草ヲ以テシ 風雨ヲ蔽《おお》フニ苦《くるし》ミ 冬夏ヲ分タス一ノ麁悪《そあく》ナル芭蕉布ヲ衣《き》 終年ノ食ハ一ニ甘藷ト蘇鉄トニ止《とど》マリ 居《お》ルニ席《むしろ》ナク 食スルニ器ナク 鶏 豚 牛 羊ハ家中《かちゅう》ニ雑畜シ 人ノ畜類ト許多《きょた》ノ区別ナキモノ、如シ」。

産業の現状については、次の記述がある。「当県砂糖製造器械の麁悪《そあく》にして 其麁悪なる器械とて纔《わずか》に一間切一二所持するに止《とどま》る 是を以て砂糖製造も 其季節に後《おく》れ 其実質を損するもの少《すくな》からす 織布の器械は 其拙劣を極《きわむ》るより 反布の如きは一反を製するに 之を紡き之を染め之を織るの日子《にっし》殆と百数十日に渡るを以て 離島の婦女は十五以上五十才以下のもの 朝に暮に家事を営むに暇《いとま》あらす 沖縄近海は魚類多しと称するも 之を捕るの術《すべ》を知らさるより 捕魚者は僅に那覇近傍なる糸満《いとまん》と唱ふ一村に止《とどま》り 其村人さへ 漁業拙劣 並 器械の麁悪なるより 数多《あまた》の魚を捕ること能《あた》わす」。

上杉県令「事務引継書」

上杉茂憲県令から岩村通俊《いわむらみちとし》新県令にあてた、明治一六（一八八三）年五月の事務引継書がある。「演説書」と題とされ、同じく『沖縄県史料』（近代4）に収録されている。①農事試験場は、明治一四年五月に、真和志《まわし》間切古波蔵《こはぐら》村字楚辺原《そべばる》の七九七八坪余の土地に「本場」を定めた。②砂糖は、「本県第一の農産」であるが、「その栽培製造」の方法は「はなはだ拙《せつ》である［拙《つたな》い］」。そこで「黒糖審査会を設け、製糖機を鉄製に改めた」。③山林は昔は「厳重に取り締まっていた」が、しだいに緩んできているので、これをただしたい。④あちこちの開墾可能地の開墾を進めている。⑤沿海の漁業について願い出があったので許可した。⑥生産の振興のため、「沖縄社」を開設させ、運輸の便を図るため「沖縄海運会社」を設立した。また、渡地《わたんじ》と垣花《かきのはな》との間は、これまで渡し舟があったが、風雨の時は困難だったので、木橋を架ける工事を進めている。⑦那覇の字通堂《とんどう》の迎恩閣の西の土地を埋め立てて「貨物運搬の便」を図ろうとしている。⑧「九州沖縄六県［八県］連合共進会」の第二回目を鹿児島で開催する予定である。⑨「本県の山藍《やまあい》［リュウキュウアイともいう］は砂糖に次ぐ物産であるが、その製造法ははなはだ粗悪なので、利益は多くない」。そこで、その改良に取り組んでいる。⑩砂糖産出の各間切に、「官業貸下金」を貸し下げることにした。期限は一〇年据え置いて、その後の一〇年で年賦償還としている（砂糖製造前に必要な資金を貸していたのが明治になっても引き継がれたのである。来間）。⑪産糖地の各間切には、砂糖売上代金が返済金額を上回る分（浮き金）を積み立てておき、これを「共有寄托金」といい、糖業に関して必要な時に取り崩すことになっている（租税にあたる砂糖を超えて生産された砂糖の代金を間切の共有金として積み立てている。来間）。

「一木書記官取調書」

明治中期に進む。一八九三（明治二六）年の観察記録である「一木《いちき》［喜徳郎《きとくろう》］書記官取調書」による（『〈旧版〉沖縄県史』14）。

那覇と首里の行政

「那覇ハ七村ヨリ成リ各村ニ役場ヲ置ク」。「那覇各村役場ハ 主取《ぬしとり》 中取《なかとり》各一人 筆者《ひっしゃ》二人若《も》クハ三人 及 村頭《そんとう》二人ヲ以テ之《これ》ヲ組織シ」ている。「中取 筆者 村頭ハ皆 主取ヲ補助シ 庶務ヲ司《つかさ》トルモノニシテ 筆者ト村頭トハ 事務ノ種類 及 俸給 相《あい》同シク 唯《ただ》慣例ニ依リ 名称ヲ異《こと》ニスルノミ」。なお、ここでいう「那覇」は、今の那覇市のごく一部で、東町・西町・若狭町・泉崎町・久米村・泊村のことであろう。

「首里ハ一五村ヨリ成」っているが、「二村若《も》クハ三村ニ一役場ヲ置」いていて、計「七役場ヲ有ス」。「其区域ハ 平等［三平等《みひら》カ］等の旧区域ニ依リタルモノニ非《あ》ラスト云フ」。この七つの「役場ハ総《すべ》テ役所［役場の上位機関カ］内ニ之ヲ設ケ 恰《あたか》モ各独立ノ役場ニ非ラスシテ 一官署ノ部局ナルカ如キノ観アリ」。「首里ノ役場ハ主取 筆者 各一人 及 仮筆者三名ヲ以《もっ》テ組織シ」ている。「吏員ノ任期ハ五ヶ年トス」。

「吏員ハ 各村人民ヲシテ三名ノ候補者ヲ推薦セシメ 知事之《これ》ヲ任命ス 首里ニ於テハ 士族反抗ノ結果トシテ 已《や》ムコトヲ得ス［やむなく］総《すべ》テ官選トシ 主トシテ旧評定所ノ筆者等ヨリ役所長ニ於テ具《ぐ》状《じょう》シ［上申し］来《きた》リタレトモ 明治二五年以来 那覇ト同シク 人民ヨリ推薦スルコト、ナ」った。

「吏員ノ選挙ハ 那覇ニ於テハ 年齢二五歳以上六十歳未満ノ重立《おもだち》タル者 集会シテ［集まって］之《これ》ヲ行フ」。「選挙ヲ行フトキハ 年長者ノ触《ふれ》ニ依リ 学校ニ集会シ 概《おおむ》ネ指名推薦ノ法［方法］ニ依ルト云フ 首里ニ於テハ 年齢二十歳以上ノ男子ヲ集会シテ 指名推薦ノ法ニ依リ選挙ヲ行ヒ 其当選者ハ村内ノ重立チタル者ニシテ 自《おのず》カラ一定シ居ルト云フ」。

間切の行政

ここで「間切」といっているのは、那覇と首里以外の土地のことで、そこには行政区画としての「間切」が置かれていた。「本島内間切ノ総数ハ三十五ニシテ［そのほか］本島ニ属スル島嶼中 他ノ間切ニ属セスシテ 別ニ間切ト同等ノ区画ヲ成スモノ六アリ」。行政区画として、三十五の「間切」と、それと同格の「島」という六つの行政区画があった。

「一間切ノ本籍人口ハ 最モ多キモノハ一万六千ニシテ 最モ少ナキモノ千八百ヲ下ラス 人口一万以上ニ達スルモノ本島三十六ヶ間切中十一ヶ間切ノ多クニ達セリ 故ニ間切ヲ以テ最下級ノ行政区画ト

ナスハ 稍《やや》大ナルニ失スルカ如シ［大き過ぎる］ト雖モ 往昔《おうせき》ヨリ間切番所《ばんじょ》ニ於テ一切ノ地方行政事務ヲ処理シ 村屋ハ概シテ番所ト人民ノ間ニ立《たち》テ 伝達ヲ為《な》スニ過キサルノ習慣アリ」。つまり、「間切」と「島」が「地方行政事務」の「最下級ノ区画」である。

以下、ルビでもカタカナのそれは一木による。「各間切ニ番所アリ 番所ニ地頭代《じとうでー》一人 総耕作当《あたい》総山当 夫地頭《ブジトウ》各一名若クハ二、三名 首里大屋子《シュリノオホヤコ》、大掟《オホツチ》、南風掟《ハインチ》、西掟《ニシンチ》、各一名 掟 一村ニ付キ一名宛《ずつ》及 文子《テクグ》若干名ヲ置ク 首里ノ大屋子以下 四設ヲ捌理《さばくり》ト称シ 又ハ 地頭代ヲ加ヘテ五捌理ト称ス蓋《けだ》シ 専務［専任］ノ吏員ナレハナリ」。「地頭代ハ 間切ノ事務ヲ統括スル者」である。「首里大屋子ハ 原《も》ト首里ニ交渉スル事務ヲ処理スルノ職ヲ有スルヲ以テ此《この》称アリト雖トモ 今日ニ在《あり》テハ書記ノ首席タルニ過キス」。「総耕作当ハ 農耕ノ事ヲ監督スルノ職」である。「総山当」は「山林少《すくな》キ地方」では「総耕作当ノ下ニ位《くらい》スル」が、「山林多キ地方」では「総耕作当ト対等ノ地位ヲ有スル」。「文子ハ 旧藩ノ時ニ在テハ 筆算稽古人 及 地頭奉公人中ヨリ採用シタレトモ 現時ニ在テハ 小学校卒業生中ヨリ採用スルヲ常トス」、「文子ハ 地頭代以下ノ指揮ヲ受ケ 文書ノ起案 写字ニ従事シ 兼《かね》テ 給仕ノ職ヲ行フ」。

また、地頭代以下掟まで（捌理）は「官ヨリ俸給ヲ支給ス」るので「本役」といい、知事が任命する。耕作当と山当を「仮役」といい、役所長が任命する。

役人の勤務状況

以上はほぼ王国時代からのあり方を踏襲したものであるが、近年は、番所の事務組織が「庶務」「勧業」「税務」「会計」と再編された。「従前ハ 地頭代 捌理ノ外《ほか》

ハ 日勤スルモノナク 用務アル時ニ限リテ出勤シ 文子モ日勤スルモノハ一部分ニシテ 其他ハ単ニ星功［年功］ヲ得ルカ為 日々一時間位《くらい》出勤セシニ過キサリシカ 県ノ訓令ニ依リ 日々出勤スルコト、ナリタレトモ 実際 椅子《いす》卓子《たくし》［机］ノ数 吏員ノ数ニ応セサルヲ見ルモ 従来ノ慣習ハ 未《いま》ダ脱去シ了《おわ》ラサルニ非《あら》サルヤノ疑《うたがい》ナキ能《あた》ハス」。

「甚《はなは》タシキハ 地頭代ノ重職ニ在リテ 眼ニ一丁字ナキモノアリ［字を読めない者がいる、ということか］」、そこで「従前ハ読字家トシテ 士族中 文字アル者ヲ雇ヒ置クノ例ナリシカ 今日ニ在テハ良《よき》文子アリ 又用弁雇アルヲ以テ 事務ニ差支《さしつかえ》アルコトナシ」。

宮古の役職とその選定法

次に、「宮古島間切の行政」の記述を見る。「宮古島ヲ分《わかち》テ 三間切一島トシ 三間切及一島ニ 一蔵元《くらもと》ヲ置ク 蔵元ハ 猶《な》ホ 本島ノ番所《ばんじょ》ノ如シ 全島ニ三十八村アリ 各村ニ一番所ヲ置ク 番所ハ 猶《なお》 本島ノ村屋《むらや》ノ如シ 唯 本島村屋ニ長タル掟《うっち》ノ地位ハ 宮古島番所ニ長タル与人《ゆんちゅ》ヨリ 遥《はるか》ニ低キノ差アルノミ」。「宮古島ハ 那覇ニ那覇旅館ナルモノヲ設テ 与人一名 若文子《わかてくぐ》一名 筆者《ひっしゃ》 及 御物番若干名ヲ置ク 貢租其他 直接ニ県庁ニ関係スル事務ヲ処理スル所トス」。

以下、各役職の説明をしているが、ここでは「頭《かしら》」についてのみ取り上げる。以下、現代文に改める。〈 〉は原文の表記である。

「〈頭〉は、各間切に一名を置き、合わせて三名としているが、それぞれ別に三間切の事務を取り扱うのではなく、〈合議体〉のようになっていて、三名の〈頭〉が協議して、宮古島全体の事務を処理している。協議は多数決ではないが、実際に〈頭〉の間で〈意見の衝突〉はないという。〈長者〉（年長者）の意見に対して〈異議〉を唱えないという〈風習〉がある。〈頭〉は、〈目差《めざし》〉以上の〈吏員〉（役人）が、〈与人〉の中から投票によって〈推薦〉し、〈知事〉がこれを〈任命〉する。選挙の時は〈競争〉が激しく、そのために〈数百金〉（数百円）を費やす者もあるという。〈頭〉は〈終身官〉であり、それぞれ〈多額ノ年俸ヲ食《は》ム〉ほか、〈名子《なご》〉八名を〈使役〉している。したがって、〈頭〉になることは〈人々ノ熱望スル所〉であることは不思議ではないが、〈絶海ノ孤島〉であっても、〈競争〉のために〈数百金〉を費やす者がいるというのは、やや〈意想外ノ感〉がする」。

ほか、首里大屋子、与人、大目差、大筆者、脇目差、脇筆者、目差、若文子、仮若文子、加勢筆者について述べて、「以上は、純然たる吏員であって、〈士族〉のほかからこれらに任ぜられることはない。しかし、これらのほかに、〈平民〉から任命されるものがある。村筑《むらちく》、地佐《ちさ》事《じ》、紺屋などである。総数は四九四人であるが、〈手代、下代（蔵元小使）〉のほか、〈俸給〉を受けることなく、ただ〈貢納免許（村筑）〉、あるいは〈夫賃《ぶちん》免許〉（免除）を受けるだけ（地佐事以下）である」。

多すぎて無能な吏員

「宮古島ノ地方行政ニ関シ一見人ヲシテ驚《おどろ》カラシムルモノハ吏員ノ夥《かた》多ナル「多すぎる」コト、ス」。「蔵元詰吏員」は一六四人、「各村詰吏員」は一村につき四、五人から一二人もおり、合せて三五一人、外に「百姓役目」の者がいる。「吏員ノ総数ヲ人口ニ比例スレバ百人ニ付一人ノ比例ナリ」。「明治二六年度公費」をみれば、収入は粟四一四八石で、この中から「吏員の給料」として一〇四一石、「吏員旅費 蔵元費 及雇人料」の合計が二四一四石あるから、これらが「公費総額ノ五分ノ三ヲ占ム」。これを「内地ノ役場費」に占める割合（三分の一）と比較すれば、「非常ノ径庭《けいてい》［違い、へだたり］アリ」。

このように「多数ノ吏員アリ乍《なが》ラ 実際職ニ堪ヘフルモノハ 殆《ほとん》ト一人モ」ない。しかしながら、「吏員ノ人物［人柄］」ハ沖縄本島ト比ベテ著シキ差異ナシト認ムル」とともに、「頭」は却《かえ》って本島の地頭代より優《まさ》っている「感アリ」。それでも「多数ノ吏員ハ……不能 不精勤」であり、このことは「各村番所」で著しく、「老衰 疾病《しっぺい》 無筆［読み書きができない］」などで、「二、三年 甚シキハ六年前ヨリ出務シタルコトナキモノアリ」。与人・目差は毎月一〇日内外、筆者は一五日ないし二〇日間「出勤スルニ過キス」。それなのに「勤怠簿ニハ皆勤セシ如ク押印シ 役所 警察署等ヨリ巡廻スル者アルコトヲ聞クトキハ直《ただち》ニ出勤シテ 精勤ノ状《すがた》ヲ装《よそお》ヒ 巡廻員去レハ直ニ帰宅シテ 数日間任地ニ就《つ》クコトナク 事務ハ筆者ニ一任シ 筆者在《あ》ラサルトキハ 与人 目差等ハ殆ト用務ヲ弁《べん》スル能《あた》ハサル［処理できない］ノ状アリ」。そこで「足《た》シ筆者」という者を置いて事務を執らせている。

かくて、一木は「宮古島ノ間切 行政組織ハ 一日モ速《すみやか》ニ改正ヲ要スル」、「宮古島ノ制度ハ 今日ノ時世ニ於テ久シク存続スルヲ得《う》ヘキモノニ非《あら》サルナリ」という。

住民生活

那覇首里の住民生活についてこう述べている。「人民生活ノ程度ハ極メテ低」い。「常食トスル物ハ甘藷 豆腐ノ類《たぐい》ニシテ 米ヲ食シ肉ヲ食スルカ如キハ上等［上流］社会ノコトナリ」。「家屋ハ瓦葺ノ矮屋《わいおく》［低く小さい家］」であって、家の周りは「家屋ト殆ト高《たかさ》ヲ均《ひとし》クスル所ノ石垣」をめぐらせている。「中以下ノ人民ハ概《おおむ》ネ履［履物《はきもの》］ヲ穿タス［穿《は》かず］徒跣《とせん》［はだしで］岩石砂礫《されき》ヲ踏《ふみ》テ 毫《ごう》モ意トセス［少しも気にしない］」。

また、「間切」（田舎）では「人民ノ生活ハ一層単純［簡単］ニシテ 食料ハ概《おおむ》ネ甘藷ヲ以《もっ》テ常食トシ 衣服ハ冬期モ猶《な》ホ木綿衣一枚ヲ以テ足レリトス」、「家屋ハ概ネ雑木ヲ結《ゆ》フニ縄ヲ以テシ 簀《すのこ》［竹や葦《あし》で編んだむしろ］ヲ以テ床《ゆか》トス　屋内ニ入ラントスルニ 直立シテ入ルコトヲ得ス」（入り口が低い）という。

「沖縄県ハ至ル所 蘇鉄ヲ見サルナク 路傍又ハ丘陵ノ土地磽确《こうかく》［石の多いやせ地］ナル所ニハ 総《すべ》テ蘇鉄ヲ植付タルヲ見ル 蓋《けだ》シ 凶荒《きょうこう》［不作］ノ予備ニ充《あ》ツルナリ」。

「沖縄人ハ生活ノ極メテ簡単ナルコト」、その例証。「国頭地方名護高等小学校」には、「数十名ノ寄宿生アレトモ 生徒ハ毎土曜日自宅ニ帰リテ 一週間分ノ食料ニ充ツヘキ甘藷ヲ携《たずさ》ヘ来リ 毎朝各自之《これ》ヲ煮テ食トスルカ故ニ 別ニ食料ヲ要セス」という話を聞いた。また、「金武《きん》間切小学校生徒ハ那覇ニ修学旅行ヲ為《な》サントスルニ 旅費ノ欠乏ニ苦ミタレハ 教師ハ役所長ノ許可ヲ受ケ 一日生徒ヲ率《ひき》ヒテ近傍ノ山林ニ入リ 若干束《たば》ノ薪《まき》ヲ採リ 之ヲ売払ヒテ 旅費ノ幾分ニ充《あ》テタリト云フ」と。

漁業と糸満

「人民ハ概ネ 農ヲ以テ業《なりわい》トシ 漁業等ニ従事スル者 至《いたっ》テ少ナシ」。「唯 島尻地方兼城《かねぐすく》間切糸満《イトマン》村ノ人民ハ 古来漁業ニ従事シ 本島ハ勿論 両先島ニ至ル迄 適《あまね》ク処《ところ》［根拠地］トシテ 其足跡《そくせき》ノ到《いた》ラサルナ」し。「一葉ノ爬龍船《はりゅうせん》（クリ船）ニ棹《さお》シテ 万里ノ波涛ヲ冒《おか》スノ意気ハ 県内他《た》ニ其例ヲ見サル所ナリ」。

商　業　「那覇首里ノ住民ニ至テハ　概《おおむ》ネ皆　瑣細［些細《ささい》］ノ商業ニ従事ス　而シテ　首里ニ於テハ　其過半ハ士族ナリト云フ　商業ハ店舗ニ於テ業《いとな》ムモノアリ　市場ニ於テ業ムモノアリ」。「市場ニ出ツル商人ハ　多数ハ婦女ニシテ　常ニ一定ノ場所ヲ占有シ　朝ヨリ夜ニ入ル迄　休止スルコトナシ」、「商品ハ穀類　野菜類　魚類　豚　豆腐　雑貨等ニシテ　一銭二銭ノ小取引　最モ多キニ居ル」、「小売商ノ重ナル［主なる］モノハ　酒類　穀類　其他ノ日用品ニシテ　就中《なかんずく》　数ノ最モ多キヲ　豆腐小売商トス」。「雑商中　最モ多キハ質屋ニシテ　其数　那覇首里両地ニ於テ二〇〇ナイシ三〇〇戸（那覇ノ質屋数一一七）ニ達スヘシ」。

第7話
統計などに見る明治の沖縄

一九〇三（明治三六）年までの統計数値を紹介する。この年は土地整理事業（第10話）終了の年であり、土地測量に近代的な手法が採用されたこととともに、統計も今日の数値と照らしてもかなり正確なものとなっている。しかし、それ以前の統計は批判的に取扱う必要がある。役所の実態把握がしだいに正確になっていくのであろう。その意味で、実際の増加／減少なのか、もともとあった実態をより正確に把握できるようになったことに伴う増加／減少なのか、考える必要がある。

なお、統計から離れて、当時の砂糖の生産と流通について、特に記すことにする。

これらの史料から見たとき、明治の沖縄という社会は、圧倒的に農業中心の社会で、工業は手工業段階にとどまっていて、商業も活発とはいえない。「殖産興業」の日本とはかなりの隔たりがある。

『明治一三年沖縄県統計概表』

これは、統計書としては最初のものであるが、その後の『沖縄県統計書』とは異なって、随所に「琉球国」と書かれている。項目も少なく、数値もあいまいなものが多い。その中から、当時の社会状況をのぞいてみる。

県庁の「位置」は、「琉球国中頭郡那覇西村一番地」とある。その「沿革」には、「立藩（琉球藩）」が「明治五年九月」、「廃藩」と「置県（沖縄県）」が「明治一二年四月」とある。

「県下漁業を以《もっ》て産を立つるもの、島尻地方兼城間切糸満村《かねぐすくまぎりいとまんむら》を以て最《さい》［第一］と為《な》す。国頭及び其他の如きは、農事の間を以て之を為すに過ぎず」。糸満には漁業の専業者がいるが、他は農業の合間に副業として漁に取り組む、という。

「続表」に、「商賈《しょうこ》」とあるのは「店を構えてする商売」のことであろうが、八九七人、「職工」が五二三人、「露店」が四〇六人となっている。なお、「此員数は全国［全県］を一括するに非《あら》ず。那覇・首里等に止《とど》まる」と注書きされている。ただ、那覇・首里以外の地ではほとんどなかったと推定される。

人口は、「華族」が男一七人、女一七人、「士族」が男四万一五九三人、女三万八〇〇七人、「平民」が男一二万九九七人、女一二万八五六〇人、「合計」が男一七万一五八四人、女一六万六五八

四人、男女合わせると三三万八一六四人とある（誤差が四人）。

ここで士族とあるのは、「サムレー」と言われていた元の役人がそういわれるようになった、その数であって、それには多くの「無禄者」（給与なし）が含まれている。前著『琉球近世の社会のかたち』第4話で紹介した、明治初期の史料によれば、「有禄者」は一九七人しかない。

旧慣期の統計

「旧慣期」すなわち、一九〇三（明治三六）年までの統計の概要を示す。先にみた一八八〇（明治一三）年を別として、一八八三年から毎年刊行されるようになっているが、五年おきに動向を見る。

人　口　人口（表7−1）は、一八八三年の三六万一千人から、五年ごとに三七万五千人（四％増）、四二万六千人（一四％増）、四六万一千人（八％増）、四七万六千人（三％増）と推移しており、一貫した増加である。この結果、

表7-1　人口の地域別推移（5年おき）　（単位：町、%）

西暦（明治）年	全県	那覇首里	島尻郡	中頭郡	国頭郡	宮古郡	八重山郡
1883（明16）年	360,770	…	…	…	…	…	…
1888（　21）年	374,698	32,130	…	…	…	…	…
1893（　26）年	425,521	57,387	116,588	116,912	83,052	35,378	16,204
1898（　31）年	460,937	60,266	…	…	…	…	…
1903（　36）年	475,932	66,669	122,643	132,067	94,002	41,352	19,199
1903／1883年	31.9%	…	…	…	…	…	…
1903／1893年	11.8%	16.2%	4.9%	13.0%	13.2%	16.9%	18.5%

（出典）1.『沖縄県史』別巻・沖縄近代史事典、付録・近代沖縄主要統計表、1977年のうちから該当年次を抜き出して、%の欄を加えた。
2. 原典は『沖縄県統計書』（各年次）である。

表 7-2　耕地面積の地域別推移（5 年おき）　（単位：町、倍）

西暦（明治）年	総面積	那覇首里	島尻郡	中頭郡	国頭郡	宮古郡	八重山郡
1883（明 16）年	20,780	1	7,369	6,388	2,181	4,842	…
1888（　21）年	24,919	…	…	…	…	…	…
1893（　26）年	32,508	1	8,378	8,252	5,423	7,183	3,291
1898（　31）年	36,458	2	8,416	8,557	8,426	7,265	3,792
1903（　36）年	64,520	57	15,256	15,493	14,846	12,653	6,103
1903／1883 年	3.10	57.00	2.06	2.43	6.81	2.61	…
1903／1893 年	1.98	57.00	1.82	1.88	1.80	1.76	1.85

（出典）1. 前掲『沖縄県史』別巻・沖縄近代史事典、付録・近代沖縄主要統計表のうちから、来間泰男作成になるもので、そのうちから該当年次をぬき出し、倍率の欄を加えた。
2. 原典は『沖縄県統計書』（各年次）である。

一九〇三年までの二〇年間では一一万五千人（三二％）の増加となった。

地域別には一八九三年から一九〇三年までの一〇年間の比較しかできないが、平均の増加率は一二％で、それを超える増加率を示しているのは、八重山郡、宮古郡、那覇・首里、国頭郡、中頭郡で、それを下回っているのは島尻郡だけである。那覇・首里への人口集中度は一九〇三年ではまだ一四％と低い。都市的職業が少ないことを反映していよう。

耕地面積

耕地面積（表7－2）でまず注目されるのは総耕地面積の激増であろう。一八八三年から一九〇三年へと二〇年間の変化では三・一倍、一八九三年から一九〇三年までの一〇年間の変化でも二・〇倍である。これほどの増加は事実ではなかろう。つまりこれは実態をあらわしたものではなく、行政庁が実態を把握していった結果、数字が実態に近づいたものと考えるべきだろう。

地域別にみると、国頭だけが順次的な増加であるが、そ

表 7-3　主要作物別面積の推移（5 年おき）　（単位：町、倍）

西暦（明治）年	水陸稲	麦類	甘藷	大豆	甘蔗
1883（明 16）年	4,293	1,975	7,511	1,739	1,939
1888（　21）年	6,234	2,337	9,799	1,234	1,774
1893（　26）年	5,755	2,347	12,089	2,150	3,034
1898（　31）年	5,229	2,392	14,400	2,366	4,144
1903（　36）年	6,048	2,792	17,613	2,780	7,303
1903／1883 年	1.41	1.41	2.34	1.6	3.77
1903／1893 年	1.05	1.19	1.46	1.29	2.41

（出典）表 7-2 に同じ。

の増加率は五年ごとに五〇％ときわめて高い。しかも、他の地域はいずれも最後の五年だけで急増している。

作物別面積

作物別（表7－3）には、全体の三割を占める甘藷《かんしょ》（さつまいも）の伸びが最大である。甘藷が伸びる時代ではないので、もともとあった甘藷栽培面積が、行政庁に把握されていった結果と考えられる。

一八八八（明治二一）年は甘蔗《かんしゃ》（さとうきび）の作付制限撤廃の年であるが、甘蔗はこの年から一五年の間に実数で五五二九町歩の増加、比率で四・一倍化を遂げて、米を抜いて第二位の作物に浮上している。甘蔗の増加は、他方の砂糖生産高の統計とも対応しているので、かなり実態を反映しているものと考えられる。

したがって、全体としての耕地の急増は、多くは実態把握が強化された結果であり、甘蔗の伸びだけは実態を反映したものとみてよいであろう。

農家戸数

農家戸数の推移（表7－4）をみると、その増加率は耕地面積のように高くはない。耕地面積が二〇年間で三・一倍、一〇年間で二・〇倍増加しているのに、農家戸数は二〇

表 7-4　農家戸数の地域別推移（5 年おき）　（単位：戸）

西暦（明治）年	総数	那覇首里	島尻郡	中頭郡	国頭郡	宮古郡	八重山郡
1883（明 16）年	74,063	2,245	20,345	20,869	13,147	4,891	2,557
1888（　21）年	63,175	…	…	…	…	…	…
1893（　26）年	70,084	3,738	21,924	20,404	15,211	5,852	2,955
1898（　31）年	78,814	3,799	23,348	24,112	15,987	7,783	3,785
1903（　36）年	81,488	4,157	23,263	25,158	17,194	8,037	3,679
1903 ／ 1883 年	1.10	1.85	1.14	1.21	1.31	1.64	1.44
1903 ／ 1893 年	1.16	1.11	1.06	1.23	1.13	1.37	1.25

（出典）表 7-2 に同じ。

表 7-5　家畜種類別頭羽数（5 年おき）　（単位：頭・羽）

西暦（明治）年	牛	馬	豚	山羊	鶏
1883（明 16）年	20,153	14,581	…	…	…
1888（　21）年	23,727	15,781	…	…	…
1893（　26）年	28,592	17,660	…	…	…
1898（　31）年	27,417	21,897	96,969	48,269	165 千
1903（　36）年	32,770	28,971	102,387	48,895	143 千
同年 全国	1,286,100	1,523,700	212,600	…	…

（出典）「全国」は、農林統計研究会編『都道府県農業基礎統計』（農林統計協会、1983 年）による。これの沖縄県の部分は、来間が担当した。

年間で一・二倍にとどまっている。これは自然増程度の数値であり、耕地面積の増加は農家戸数の動向とは無関係であり、それは架空の数値だということを示している。ただ、宮古と八重山は、それぞれ二〇年間で一・六倍と一・四倍、一〇年間で一・四倍と一・三倍となっていて、これらの地域では農家戸数のカウントの仕方にも何らかの問題があったことを示《し》唆《さ》している。

なお、一戸当たりの耕地面積は、一八八八年で三反九畝、九三年（一木書記官の調査時点）で四反六畝、土地整理事業終了時点の一九〇三年では七反九畝となっている。これもすでに述べたように、実際の増加ではなかろう。

家畜の頭数

家畜の頭数（表7－5）は、遡っての推移は牛と馬について知ることができるだけであるが、その増加速度は速い。これがさとうきび、すなわち製糖生産高の増加と対応している可能性はある。当時の製糖は牛馬を使って搾車《さくしゃ》を回していたからである。また、沖縄での馬は耕耘《こううん》用は少なく、主として運搬用として使われていた。

牛と馬は全国でも中位であるが、豚は全国二一万頭に対して一〇万頭もいて、全国の四八％を占めている。全国にいる豚の半分が沖縄にいたのである。また、山羊は全国の数値がないが、八〇％程度を占めていたとみられる。

豚の一〇万頭というのは、農家一戸当たり一・三頭が、山羊の五万頭というのは、農家一戸当たり〇・六頭が飼養されていたことになる。

工業

一九〇〇（明治三三）年における工業の実態は、次のとおりである（『帝国統計年鑑』）。工業とはいうものの、ほとんどが家内工業である。なお、一貫は三・七五キログラムである。

製糸（蚕の繭から絹糸をとるもの）。製糸場一〇八のうち「製造所」は一で、他の一〇七は「自宅」となっている。その「蚕糸《さんし》」（生糸《きいと》）の製造高は、「器械取」はなく「其他」が一三貫とある。また「屑糸《くずいと》」は、「熨斗糸《のしいと》」（紬《つむぎ》糸の原料）一貫、「玉糸」（二匹の蚕が一つの繭をつくった玉繭《たままゆ》からとった糸）二貫、「其他」一貫で、蚕糸合計は一七貫である。他に「真綿《まわた》」が三六貫ある。「蚕種《さんしゅ》」（蚕の卵を紙に産み付けさせたもの）の製造戸数は一九五で、その製造枚数は一三五枚というから、一戸一枚もないことになる。

織物業。製造戸数三万一九二三、機数三万七〇八七。織物機械を機《はた》という。そこで働く職工の数は四万五五九八人（男七九人、女四万五五一九人）。つまりほとんど女だけであり、一戸に機織機が一つで、働き手も一・四人しかいない。生産額は、絹織六六六五反、絹綿交織《こうしょく》（交《ま》ぜ織《おり》）八八六反、木綿《もめん》織一四万九〇一六反、麻織八万七三五七反である。麻の仲間には、苧麻《ちょま》や芭蕉布がある。

陶磁器。製造戸数四三、窯数は登窯《のぼりがま》が十一筋、広さは二九間《けん》。職工数は不明。製造品価額一万一三五一円。磁器はなかった。

漆器。製造戸数二〇、職工数二三七人（男女別不明）、製造品価額二万六一四七円。

畳表及莫蓙《ござ》類。製造戸数四二九七、職工数不明。産物は畳表《たたみおもて》（備後《びんご》一万二三〇五枚、琉球五万三五九一枚、莫蓙《ござ》類（本間四二三一枚、並《なみ》二一三八枚）。

製藍。製造戸数六〇九、職工数不明、数量四〇万六五五五貫。

缶詰。年末製造戸数二戸、職工数一八人（男九人、女九人）。

煉瓦《れんが》。年末製造戸数四戸、職工数一四人（すべて男）、普通煉瓦のみで耐火煉瓦なし。

瓦。年末製造戸数三一戸、職工数八九（男六九人、女二〇人）。やや工場に近い。

『沖縄県産業要覧』

『沖縄県産業要覧』(一九一三＝大正二年)は、統計書ではないが、数値を多く用いて、明治末の状況を描いている。数値は一九一二(明治四四)年のものを主に掲げる。カタカナを平仮名にし、ルビを多くし、やや読みやすくする。

交　通　「交通」については、北の「大島［奄美諸島］」、鹿児島、神戸及び大阪地方に向かうもの」と、南の「台湾に向かうもの」とがある。いずれも「汽船の航海」である。「内」は、「那覇港と先島、名護、本部《もとぶ》及び主要なる離島との間に、定期及び臨時の汽船便がある」。しかし、「県外北行」と「先島航路」を除いて「概《おおむ》ね其の回数は少な」い。離島の各島は「珊瑚礁《さんごしょう》」がその沿岸を囲んでいて、「那覇、運天［今帰仁《なきじん》］、巴天［佐敷《さしき》の馬天《ばてん》］、舟浮《ふなうき》［西表島］などの外は、海陸の連絡極《きわ》めて困難なり」。「陸路」は、「未だ整備を欠きて、一般の交通、尚《なお》不便の域にあり」といいつつ、「近年」に道路建設が進んで、「旧来の面目を一新し、旅客の交通は勿論《もちろん》、貨物の運輸に至るまで、車馬を利用する」ことができるようになった。これは「島尻、中頭《なかがみ》の二郡」の場合であって、「其の他の地方」では、山道を「籃輿《らんよ》」(簡単な駕籠)によって往来し、「人肩馬背《じんけんばはい》」によって「貨物を運ぶ」という「不便」さである。

地域別産業

「産業」については、「本県生産額は、農業が最も多くして、其の大部分［七六％］を占め、工業［一三％］、水産業、畜産業、林業、以下順次之《これ》に次ぐ」。すでに見たように、工業とはいっても、手工業であり、家内工業である。

以下、地域別に記述している。「本島中部以北」は、「谷間」や「川沿いの低地」は「水田として稲作に利用しているとあるが、水の人工的利用とは見えない。水田の裏作として甘藷を栽培」している。これが「県下に於ける稲作の最も盛《さかん》なる地方なり」。しかし「農法は一般に幼稚にして、改良発達の余地、多き」。

「中部以南」は、「大部分開墾せられて耕地とな」っている。「最も甘蔗の栽培に適し、其の耕作頗《すこぶ》る盛《さかん》にして、砂糖の大部分は此の地方の生産に係《かか》るものなり」。「農法は中部以北の地方に比し、進歩の跡あり」。

「宮古島及び其の属島」は、「甘藷、粟《あわ》、大小豆、麦、蜀黍《もろこし》などを主要作物とし、傍《かたわ》ら牧畜を行えり」。「耕鋤《こうじょ》［耕起］に畜力を利用すと雖《いえども》、其の農法は殆んど原始的にして、肥料の施用稀《まれ》に、管理頗《すこぶ》る疎慢《そまん》［おおざっぱ］に流れ、地力回復の為、三年毎《ごと》に一期の休閑に附するを常とす」。肥料を使わないので、地力の回復を待つために休耕する、という。

「八重山島」について。まず「石垣島」は、「東北西及び中部の地は、概《おおむ》ね森林鬱蒼《うっそう》として、昼尚《ひるなお》日光を見ざる処《ところ》あり。間歇熱《かんけつねつ》［マラリア］の病毒充満して、人の居住に適せず。置県以来屡々《しばしば》殖民に努《つと》むる所ありたるも、常に病毒の冒《おか》す所となり、漸次衰微して、今や、落莫たる荒村微々《びび》として、海浜に点在するのみ。南部の地は、稍開豁《ややかいかつ》［ひろびろと開けている］にして、病毒の虞《おそれ》なきを以て、人家爰《ここ》に稠密《ちゅうみつ》し、附近は起墾［開墾］せられて耕地となり、住民は概ね附近数里に亘《わた》り、馬背《ばはい》に依り往復して耕作を行い、傍《かたわ》ら牧畜を事とせり。而《し》かも人口頗《すこぶ》る希薄に、耕地余りあり」。主に「甘藷、稲、甘蔗及び粟《あわ》」を植えている。

「西表島」は、「樹木鬱蒼《うっそう》し、曽《かつ》て斧《おの》を入れざる所多く、枯木《かれき》倒覆して地に委《まか》し、落葉は積みて層々堆《たい》［盛り上がり］をなし、間歇熱の病毒彌漫《びまん》して、人の棲息《せいそく》［居住］に堪えざる処あり」。

種目別農業

「農作物」は品目ごとに述べ、これとは別に「糖業」が設けられている。

「甘藷」は、「随時之《これ》が植付を為《な》し、一圃場に於て二年三作を」行っている。これは、一部を収穫し、その直後に苗を挿《さ》すことを指していよう。「鹿児島及び大阪地方へ移出」もしていて、「之《これ》を原料として澱粉を製し、阪神地方へ移出するものあり」。品種は多く、「現今栽培せらるるもの、優に一三〇余種に上る」。

「米」の生産額は、「僅々五万石内外にすぎ」ない。「地勢上、水田に適するの土地少なく、且つ多くは雨水停滞せる湿潤の低凹部にして、畑地として利用し難き土地なるか、然《しか》らざれば灌漑排水の設備を欠けるもの多く」（つまりほとんど湿田で）、「収量少なくして、一年二回の作付を為《な》すものに在《あ》りても、尚お他府県の一回収量に及ばず」（二期作といっているが、田に水があるから植えるのである）。

「粟」は、「宮古、八重山を主とし、殊に宮古郡に在りては、甘藷と共に常食に供せられ」る。

「一般に栽培せらる播種法《はしゅ》は、条播《すじまき》、撒播《ばらまき》等あるも、撒播を普通とす」。

そして、麦、黍《きび》、蜀黍《もろこし》に触れたあと、「山藍」について、「大部分国頭郡に栽培せられ」、これによって「泥藍」がつくられるが、これは「本県特産の琉球絣の染料」となる。

「蔬菜類は、那覇、首里やその近郊の郡部で最も多く栽培され、人口の少なくなるにつれて減少する」とあり、少なくとも明治末には、近郊農村から那覇や首里に販売用の野菜が届けられていたことになる。

また「澱粉」の製造戸数は二万七六〇〇戸とある。家庭内での副業であろう。

「糖業」については、沿革、甘蔗の栽培、製糖、現時の施設（奨励策）について触れている（末尾で紹介する）。

蚕　業　「本県の風土」は、桑の栽培には適していて、「最も適切なる副業の一［第一］」である。製糸量は年々増加しており、その価額も五三〇三円から四年間で一万三三三六円へ、二・五倍となっている。ただし、それは「座繰《ざぐり》製糸」（座《すわ》ったまま、手で把手《とって》を回し、糸枠に糸を巻き付ける）が一般的で、「未だ機械製糸を行うものなし」。「其《その》技術は幼稚」なので、繭を県外に送っている。つまり、製糸はせず、繭を送っている。製糸戸数は二九七戸にとどまる。

畜　産　牛は三万三〇四四頭、馬は三万一九七七頭、豚は一〇万七〇五六頭などとなっていて、「生産頭数頗《すこぶ》る多い」。「県外への移出」も多くなってきた。「牧場の大部分は、八重山郡に在りて」、宮古郡にもわずかながらある。八重山は二〇箇所、五二二七町歩、宮古は三箇所、二八三町歩である。八重山の牧場は、『多く村有地」であり、使用料を払って「放牧」している。「放牧は、年中これを行っていて（「年間放牧」という）、牛馬の、また牝牡《ひんぼ》の混牧である」。したがって「経営は頗る放漫」で、このような牛馬は痩《や》せており「移出する時は、牛馬共に飼い直しを行う」。「殊《こと》に馬の場合は、一旦宮古郡に送って飼養し、宮古産として本島地方に移出するを常とする」。宮古は、八重山に比べて管理が行き届いているようだ。「昼間は原野に繋留《けいりゅう》して（縄などで繋《つな》いでおいて）自由に飽食運動をさせておいて（縄などの長さの範囲で草を食べる。したがって食べ跡が円形となる）、夜間は厩舎又は軒下に繋いで、殆んど半放牧の状態なので、その成績は八重山郡に比べて良好なり」。

本島地方の牛の飼養法は、放牧ではなく、「悉《ことごと》く舎飼《しゃがい》をしている」。

乳牛は、全県で一〇七戸、三〇六頭である。

「本県の養豚は、其数に於て全国各府県中の首位を占め、殆ど一〇万に達して、［全国の］総頭数の三分の一以上に」及んでいる。「その飼養管理」はよく行き届いていて、肉は「滋味」（うまい味わい）に富んでいる。このことは「他府県」では見られないことである。最近は宮古・八重山から台湾に移出するようになっていて、船便ごとに「数十頭」にもなる。

「山羊の飼養は、其の頭数七万五〇〇〇に上り、全国府県に於ける飼養総頭数の八割を占め、頗る盛況を呈すと雖も、その肉、一種の臭気を有し、……一般の嗜好《しこう》に適せず。従来、薬用として多く用いる習慣あり」。

鶏は二七万羽余、あひるは五千羽に足りない。

学校・試験場など　「実業教育機関」として、沖縄県立農学校（国頭郡名護村）、沖縄県立水産学校（那覇区）、糸満町外十五箇村組合立島尻農学校（島尻郡真和志村）、中頭郡各村組合立農学校（中頭郡宜野湾村）、首里区立工芸徒弟学校（首里区）、那覇区立那覇商業学校（那覇区）、首里区立女子工芸学校（首里区）、同付属女子実業学校（首里区）、島尻郡糸満町外十五箇村組合立女子工業徒弟学校（島尻郡小禄村）、島尻郡仲里具志川両村組合立女子工芸徒弟学校（同郡具志川村）、私立那覇女子技芸学校（那覇区）がある。

また、沖縄県立糖業試験場（中頭郡西原村）、沖縄県物産陳列所（那覇区）、那覇一等測候所（那覇区）がある。

砂糖の生産と流通

砂糖は、当時の代表的な「工業」製品であるから、よりくわしく見ておく。先に見た『沖縄県産業要覧』（大正二年）の前に、概説を加える。

明治期の糖業　明治期までは、黒糖生産だけだった。そのあり方は、近世とあまり変わっていない。農民は甘蔗《かんしゃ》（さとうきび）を畑で生産し、それを、共同で運営する製造場で砂糖に加工する。そのために「砂糖組」（与《くみ》とも書く）を組織している。そこでは甘蔗の汁を絞って、煮詰めて、固める。砂糖は樽《たる》に詰めるが、一樽（正味一二〇斤＝七二キログラム）当たり、原料のさとうきびが一三〇〇斤（七八〇キログラム）必要である。割合にして一〇分の一か一一分の一の砂糖ができることになる。一日二〇時間も費やして、二樽分を仕上げる。

技術者派遣

一八八三（明治一六）年には、沖縄県から政府に技術者派遣の要請があり、二年後の八五年に岸三郎（農務局員）が派遣されてきた。岸は、島尻《しまじり》や中頭《なかがみ》の産糖地を視察して、「沖縄県製糖試験場」の立地を検討した。これはのちに西原《にしはら》に設けられる。岸はまた、沖縄では「黒糖」を作っているが、「赤糖」の製造に切り換えたほうがいいと助言した（これは実現していない）。それは、当時の黒糖には汚物が混じっていて、砂糖本来の色が出ていないという判断によるものだった。

「甘蔗作付制限」の解除

次に、一八八八（明治二一）年、「甘蔗作付制限」が解除された。このことについては、そもそも「制限」はなかったのではないかとの議論があるし、「制限」の内容についても諸説がある。そしてこのころには「制限」どころか、宮古・八重山・久米島でも製糖に取り組むように促していたのであり、すでに「制限」は無意味化していた。また、車を鉄製に変え、砂糖の品質をきびしく管理し、製糖法も改良され、販路も拡張し、糖価も上昇してきたと考えて、積極的な奨励に進んだのである。実際に、生産は増加していく。八七（明治二〇）年に甘蔗作付面積が一六〇〇町歩、黒糖製造高が一一〇〇斤だったのが、一〇年後には三八〇〇町歩（二・四倍）と二三〇〇斤（二倍）に、さらに一〇年後には八三〇〇町歩（二・二倍）と三六〇〇斤

（一・六倍）に、なっている。地域別には島尻や中頭が多く、いずれも、甘蔗作付面積が耕地全体の二四％を占めている（一九一二＝明治四四年）。

糖業改良事務局

一九〇六（明治三九）年四月、「糖業改良事務局」の「官制」が国会を通過し、五月、沖縄県庁内にその「事務局」が設置された。「本局」は沖縄県に置かれ、農商務省には「東京出張所」、奄美大島には「大島出張所」が設けられた。これによって、「新式製糖機械」による「白糖・双目《ざらめ》糖・赤糖」の製造実験が始まった。場所は、当時の「中頭《なかがみ》郡西原村字我謝《じゃ》」である。この「糖業改良事務局」は、六年間で歴史を閉じた。そこでの「模範工場」は、一九一一年に民間に払い下げられた。前年発足の「沖縄製糖株式会社」にである。これは、沖縄で最初の大型の分蜜糖工場で、「近代的」といってもいいものである。

西原村にあった試験地は、沖縄県に無償で払い下げられて「沖縄県糖業試験場」が設立された。費用の七四％は国庫の補助を受けた。

砂糖製造の改善へ

一方、農民の経営する「共同製糖場」への対策は、次のように進められていく。畜力から動力に転換させようと、「蒸気力」を使った工場、能力にして二〇倍の工場を、補助金を出して奨励したのである。一二件の出願があり、補助金が交付された。しかし、政府の意図したものとは異なる形式のものであったし、いずれも定着することはなかった。

砂糖の品質管理については、沖縄県が費用を出して、「砂糖審査会」を設けて審査・賞与している。一八九九（明治三二）年には「沖縄糖商同業組合」が設立されて、組合によって、自主的な

「統制」が始められた。県の機関としては、一九一三（大正元）年に「沖縄砂糖検査所」が設置された。

砂糖の流通

砂糖の流通については、「糖商」といわれる流通業者たちがいた。はじめのころは、「砂糖問屋」の前貸しを受けて、「地方仲買」が農家から買い集めていた。これには「馬子《まご》」や「宿屋」（宿小《やどグァー》といわれた）が間に立つこともあった。次には、倉庫を持った「委託商」が間に立つ場合が多くなる。そして、「砂糖問屋」が店員を出張させて農家から買い集める例も出てきた。このような糖商は、資金を前貸しして、集荷を確実にするとともに、農家から高い利息を取っていた（「砂糖前代《サーターメーデー》」という）。

次に、『沖縄県産業要覧』の記述を紹介する。「現今県下ノ産糖ハ黒糖 白下糖 赤糖 及 分蜜糖ノ四種ニシテ 黒糖大部分ヲ占ム」。「黒糖及白下糖ノ製造ハ 在来ノ三転子竪式圧搾機［三つの太い木柱を立てて、溝をつくり、相互にかみ合わせて中央の柱を牛馬の力で回す］ニテ圧搾シ 動力ハ主トシテ畜力ヲ稀《まれ》ニ水力ヲ利用シ、前煮ヨリ仕揚迄三連釜ノ竈《かまど》ヲ以テ 其前煮ヲ終リタルモノハ 別ニ用意セル三個ノ結晶鍋ニ移シ 攪拌《かくはん》シツ、結晶セシム」。「其ノ製造能力ハ一日十三、四時間ニシテ 二乃至四挺《ちょう》（一挺ハ百二十斤）ヲ出テス」。「右ノ外 高嶺村信用生産販売購買組合ノ製糖工場ニテハ 蒸気発動機付圧搾器 能力（一昼夜八十屯《トン》）ヲ用ヒ 其他ニモ 石油発動器 又ハ蒸気発動器付 小仕掛ケノ圧搾器ニテ 黒糖又ハ白下糖ヲ製造スルモノ 二、三箇所アリ」。「機械製糖工場ハ 沖台拓殖製糖株式会社西原工場 及 嘉手納工場ノ二箇所アリ 前者ハ其能力（一昼夜ニ付）百屯ニシテ 分蜜糖ヲ 後者ハ其能力四

表 7-6　製糖場

在来法			改良法						
製造場数	搾車		工場数	蒸気		石油発動機		吸入瓦斯発動機	
	畜力鉄車	水力鉄車		個数	圧搾能力	個数	圧搾能力	個数	圧搾能力
2,574	3,063	65	5	7	173,000	3	24,100	1	43,200

（出典）『沖縄県産業要覧』1913 年。

表 7-7　砂糖製造高

生雑高（斤）					価額（円）
黒糖	白下糖	分蜜糖	糖蜜	計	
54,213,337	2,184,203	883,370	290,890	57,571,800	4,092,671

（出典）同上。

百屯ニシテ赤糖又ハ黒糖ヲ製造シツ、アリ」。

　ここには、機械製糖工場として「沖台拓殖製糖株式会社」とあるが、これは当初の「沖縄製糖株式会社」から工場を引き継いだ会社である。

　製糖場の数は、次のように示されている。「郡区別」は略して、県の合計のみを掲げる（表7－6）。

　砂糖製造高は、次のように示されている。これも「郡区別」は省いて掲げる（表7－7）。

日本経済と沖縄経済

　ここで、赤嶺守《あかみねまもる》「王国の消滅と沖縄の近代」（豊《と》見山和行《みやまかずゆき》編『琉球・沖縄史の世界』日本の時代史18、吉川弘文館）の議論を検討する。それは、以上の私の叙述とは対応していないからである。

　赤嶺はいう、「置県後の沖縄経済は急速な変容をみせていた」と。その例示は次の如くである。「第百五十二国立銀行、第百四十七国立銀行の設立によって金融が整備され、三菱会社、沖縄海運会社、共同運輸会社、日本郵船会社、さらに尚家を中心とする旧士族層を中心に設立した広運社の参入で沖縄・本土間ばかりでなく、沖縄内の各島間の交通網・通信網も着実に整備されていった。また県内の商品流通網の形成が促進されるなか、他府県との移出入交易の進展によって県経済を全国経済と結びつける条件が整い本土経済圏との一体化が深まり、日本依存型の経済体系が形成されていた」。

以下の批評は、西里喜行《にしざときこう》「尚家と寄留商人の活動」（『〈旧版〉沖縄県史』１・通史、一九七六年）の記述に依拠している。引用はこれによる。

赤嶺は、二つの銀行の設立が「金融の整備」と評している。しかし、一八八〇（明治一三）年に設立された第百五十二国立銀行は、明治政府と沖縄県が「官金を取扱う金融機関の設立を必要とした」ことから産み出されたもので、その「設立にのりだしたのは、鹿児島士族を中心とする寄留商人たちであった」。この銀行の業務は「県庁の公金を取扱うほかには、官吏や寄留商人の当座預金や貯金などを扱うだけで、一般の県民にはほとんど利用されることはなかった」。また、一八八三（明治一六）年に設立された第百四十七国立銀行も「寄留商人の手によって運営され、県庁の公金の取扱や寄留商人相手の預金、貸付業務をおもな営業内容とするものであった」。これがなにゆえ「金融の整備」とされるのだろうか。

赤嶺はまた、五つの海運会社を挙げ、「沖縄・本土間ばかりでなく、沖縄内の各島間の交通網・

通信網も着実に整備されていった」というのだが、先にみた『沖縄県産業要覧』（一九一三＝大正二年）の「交通」の項では、次のように記されていた。「那覇港と先島、名護、本部《もとぶ》及び主要なる離島との間に、定期及び臨時の汽船便がある」。しかし、「県外北行」と「先島航路」を除いて「概《おおむ》ね其の回数は少な」い。離島の各島は「珊瑚礁《さんごしょう》」がその沿岸を囲んでいて、「那覇、運天、巴天、舟浮などの外は、海陸の連絡極めて困難なり」。赤嶺のいうように、「着実に整備されていった」とは、なかなか言えないのではなかろうか。

赤嶺はまた、「県内の商品流通網の形成が促進されるなか、他府県との移出入交易の進展によって県経済を全国経済と結びつける条件が整い本土経済圏との一体化が深まり、日本依存型の経済体系が形成されていた」とも述べている。

「県内の商品流通網の形成が促進され」ただろうか。「他府県との移出入交易」は「進展」しただろうか。「県経済」は「全国経済と結びつけ」られただろうか。それは「本土経済圏との一体化」と評価されるほどのものであろうか。「日本依存型の経済体系が形成されていた」とは、どのような状況を指しているのだろうか。

言葉だけで実証がなく、受け入れがたい議論である。

第**8**話

日清戦争と日本・沖縄の転機

日清戦争は、明治の日本が初めて戦った対外戦争であった（その前に台湾出兵があったが、よその国と戦ったのではない）。これは、何としても口実を設けて、朝鮮を支配下におこうとしたものである。それは朝鮮の宗主国であった清《シン》国との戦争となった。日本は勝利して、有利な講和を結んだ。この戦争を経て、日本は戦争を「挙国一致」でめざす「戦争国家」となる。獲得した賠償金が、その方向を現実化するとともに、経済面の改革につながった。

日清戦争は、「琉球処分」から一五年のちに起こっている。琉球の上層部は、「処分」に反対し、中国（清）との関係を保とうとしていた。ところが、日本はこの戦争に勝った。そのことによって、琉球／沖縄内の「反日本・親中国派」も方針を転換して、日本との「同化」を自ら求める道に進んでいき、戦争国家・日本に協力的に対応していくようになる。つまり、日清戦争は、沖縄史の大きな転換点になったのである。

朝鮮への日本の介入

朝鮮の王制

朝鮮は儒教（朱子学《しゅしがく》）の国である。そこでは、男尊女卑が徹底して貫かれる。ただし、女でも「国王の母」は特別な存在で、国王であってもその母には逆《さか》らえない。この環境のなかでの、一九世紀後半の朝鮮の政治をみておく。この時代は「幼君」が続き、その後見人の親たちが政治の実権を握っていた。

一八六三年に、国王の哲宗《チョルチョン》が死ぬ。哲宗には直系の後継者がいなかった。このような場合、王族のなかから次の王を選ぶことになるが、そこで暗躍したのが李昰応《イハウン》である。李は、この時に後継国王の最終決定権を握っていた趙大妃《チョウデビ》（哲宗の前代の憲宗《ホンジョン》の母）と結んで、自らの次男、高宗《コジョン》を立てる。ということは、李は「大院君《テウォングン》」（だいいんくん）になったということである。

大院君は、「王の父親に対する尊称」である。日本の「院」つまり天皇を辞めて上皇となった者と同様である。ただ、日本の場合は、辞めることによってむしろ権力を強める意味があり、また自らの子を天皇にすることによって、その系統を守ろうとしたものであった。

大院君は歴史上何人もいたのだが、特に断らないかぎり大院君といえば、この李昰応《イハウン》のなった興宣《フンソン》大院君をさすようになる、という。かれは高宗の妃に一六歳の少女を選ぶ。それは彼女が王族でありながら、有力な家系に属していなかったから、御《ぎょ》しやすいと考えたのである。これが閔妃《ミンビ》（びんひ）である。

閔氏政権

以後、しばらくは大院君の時代（形の上では「高宗親政」）が続く。大院君は「排外主義者」（攘夷派）で、キリスト教を大弾圧したりした。そのフランス人神父殺害の報復として、フランスの極東艦隊の攻撃を受けたが、これを撃退した（一八六六年）。また、アメリカの武装商船（シャーマン号）や、ドイツの冒険商人もやって来たが、これも退けた。一八七一年には、アメリカの艦隊（ロジャーズ司令官）が、通商条約の締結を求めてきた。これを拒否すると上陸して砲撃してきたが、犠牲者を出しながらも抵抗し、ついには撤退させた。

これとは別に「開化派」（親日派）が生まれる。閔妃は「開化派」ではないが、「開化派」とも連携していく。「開化派」には日本の支援があったが、それに福沢諭吉が関わっていることが注目される。福沢は、朝鮮の「開化」を支持していた。

日朝修好条規

「開化派」の金玉均《キムオッキュン》（きんぎょくきん）らは、日本との関係を強める考えを持っていた。かれらが閔妃と組んで優勢になったのは、一八七三（明治六）年である。そのような状況もあって、七六年二月に、「日朝修好条規」が結ばれた。これは、朝鮮を「自主の邦」として、「日本国と平等の権」をもつと規定した。朝鮮を中国との朝貢関係から離脱させることをねらっていたのである。そして、釜山《プサン》（ふざん）ほか二つの港を開き、居留地を設けること、治外法権、無関税を認めるなど、実は「不平等条約」だった。

江華島事件 その前年、日本は軍艦を派遣し挑発して反撃を誘い、それを口実にしてソウル沖の江華島《カンファド》（こうかとう）に上陸し、殺戮《さつりく》と略奪をくり広げた（江華島事件）。この、武力による威嚇《いかく》によって、この条規は結ばれたのである。「開化派」は、一八八一年に日本に視察団を送り、それを参考にして、近代的な新式軍隊の編成などに取り組んだ。日本軍人を教師とする「別技軍《べつぎぐん》」の設置などである。そのことは、財政難を招き、旧式軍の待遇の悪化をもたらし、軍隊の一部が不満をつのらせる。また、兵士に給与する米の遅配・欠配が増えてきた。

壬午軍乱 こうして、一八八二年七月に壬午《じんご》軍乱（事件）が起きた。朝鮮の漢城《ハンソン》（かんじょう。今のソウル）で、兵士が中心になり、民衆も参加した反乱だった。政府首脳（閔一族の有力者）が殺害され、日本公使館も襲撃を受けた（別技軍の日本人教師など、一三人が殺害された）。国王・高宗は、大院君を政権に復帰させる。閔妃は王宮を脱出して、身を隠した。「日朝修好条規」体制への不満から起きた事件だった。

なお、清の李鴻章《りこうしょう》（外交責任者）は、琉球を併合した日本が、朝鮮へも進出してくることを予想して、それを牽制《けんせい》するために朝鮮に勧めて、アメリカと「修好通商条約」を結ばせている。八二年五月のことで、内容は日朝間のものと同様だった。しかし、アメリカ商品への関税の規定が採用されていたので、日本も無関税を改めた。

壬午軍乱で閔妃は逃れ、大院君が復活したが、閔妃と高宗は、清国に救援を依頼する。清はこれに応えて大軍を送る。清は、「朝貢・冊封体制」の原則から踏み出して、直接の軍事干渉におよんだ。それまでの朝貢・冊封体制は、内政には干渉しないのが原則だったが、軍隊を直接送りこみ、また外交権を行使していったのである。大院君は清に拘束された。こうして、高宗・閔氏政権が復活した。

朝鮮・韓国についての記述は、主として、海野福寿《うんのふくじゅ》『韓国併合』（岩波書店、一九九五年）、金重明《キムチュンミョン》『物語 朝鮮王国の滅亡』（岩波書店、二〇一三年）によった。

朝鮮をめぐる清国と日本、そして日清戦争へ

中国と朝鮮の通商条約

一八八二（明治一五）年一〇月には、「中国朝鮮商民水陸貿易章程」を結んで、朝鮮または清国と通商条約を結んでいる諸国は、「最恵国待遇」を受けることはできず、清国が朝鮮貿易上の特権を排他的に独占すること、などを規定している。ここから、朝鮮における日本の地位は後退して、清の時代に入る。その軍司令官は袁世凱《えんせいがい》であった。かれは「北洋」といわれる、遼寧省《りょうねい》・河北省《かほく》・山東省《さんとう》など、北京を取りまく一帯の軍閥である。

それでも日本は、朝鮮と「済物浦条約《チェムルポ》」を結んで、不平等関係をいっそう進めた。済物浦は、仁川《インチョン》地域にある。これによって、平時であっても朝鮮に軍隊を駐留させる権利を認めさせたのである。

「開化派」政権をめぐって

一八八四年六月、ベトナムの植民地化をねらうフランス（仏）と、同国への宗主権を守ろうとする清国のあいだに、「清仏戦争」が起こった。清国が負け戦《いくさ》となりつつあるのを見た日本は、朝鮮への勢力拡大をはかることにする。

同年一二月、朝鮮で、「開化派」のうちの「急進派」によってクーデタがおきる。「開化派」は、清国を重視する「穏健派」と、日本を重視する「急進派」に分裂していたのである。日本守備隊と公使・竹添進一郎《たけぞえしんいちろう》はこの「急進派」に協力して、「王宮」を占拠する。こうして、日本が後押しして「開化派」政権を成立させたが、朝鮮に駐留していた袁世凱の清国軍は敏速に行動して、日本軍を追いはらい、「開化派」政権を破った。このクーデタは、一二月四日に決行され、六日には終わった。街では日本の居留民二九人が殺害された。竹添らは、亡命するしか道のない金玉均らを連れて、日本に逃げ帰った。甲申《こうしん》事変（政変）という。

かれら「改革・急進派」は、日本の明治維新を手本として、朝鮮の「近代化」をすすめようと考え、そのために日本の力を借りようとしていたのである。日本は、壬午軍乱で朝鮮での影響力を失っていたので、かれらを援助した。日本国内の世論は、このような日本の行動を支持した。とくに見落とせないのは、旧「民権派」の熱狂ぶりである。

天津条約

日本は、朝鮮との間では一八八四（明治一七）年一月に「漢城《ハンソン》条約」を結ぶ。事件の真相を究明することを避け、日本人が殺害されたことの補償などにしぼって、ことを収めた。また、翌八五年四月に、伊藤博文と李鴻章《りこうしょう》との交渉によって、「天津《テンシン》条約」が結ばれた。両国軍隊は朝鮮から撤兵すること、いずれかの国が朝鮮に出兵するときには、相手国に事前通告すること、などを決めた。当時の朝鮮駐留軍は、清国が日本をはるかにうわまわっているので、この条約は日本の期待にそって決着したといえる。

甲午農民戦争

朝鮮では、大規模な農民反乱が起こる。以前は「東学党《トンハク》の乱」といわれた。「東学」（とうがく）とは、「西学」（キリスト教）に対抗して、儒教・仏教・道教を統合したものを、新しい宗教として打ち立てたものである。一九世紀の後半に誕生した。

そして、一八九二年に、凶作に基づく飢餓と、税の取り立てに抗議して、農民たちは声を上げたが、弾圧される。しかし、九四年二月、全琫準《チョンボンジュン》（ぜんほうじゅん）を代表者として、農民たちは立ち上がり、朝鮮半島南部の全羅道《チョルラド》（ぜんらどう）の古阜《コブ》の郡衙《ぐんが》（郡役所）を襲撃した。責任者は逃げ、代わりに赴任した責任者は、農民たちの要求を受け入れたため、いったんは収まった。しかし中央から鎮圧隊が派遣され、関係した農民を逮捕していった。四月、全琫準は再び農民を集めて動く。かれの父は当初の九二年蜂起のリーダーだった。その思想が「東学」に支えられていたのである。しかし、これは東学教団が指導した反乱ではなく、農民が求めた生活権の保障、反封建・反侵略という目的をもった戦争だった。今では「甲午農民戦争」という。

清と日本、朝鮮に軍隊を派遣

朝鮮は清国に援軍を要請し、清国の李鴻章はこれに応じる。日本には朝鮮からの要請はなかったのだが、「天津条約」を理由に即時出兵を決めて、六月一〇日から四〇〇〇人（六〇〇〇人との記述も見られる）の軍隊を漢城《ハンソン》（かんじょう）に送り込んだ。現場での戦争指導機関である「大本営《だいほんえい》」も設置した。つまり、「戦時体制」に入ったのである。

これをみて、朝鮮政府は、六月一一日に農民との和約を結ぶ（全州《チョンジュ》和約）。そのため、日本軍も清国軍も、朝鮮に駐留する理由がなくなった。朝鮮政府は、その撤退を要求した。しかし、日本軍も清国軍も撤退しなかった。

当時の世界で「二大強国」だったのは、イギリス（英）とロシア（露）であった。この英露の対立がアジアでも展開して、ロシアにはドイツ（独）とフランス（仏）がつき、孤立したイギリスは日本との提携に流れ、不平等条約の改正交渉に応じはじめたのである。

このような東アジアの国際情勢下で、日本が朝鮮への政治的支配権の樹立をねらうことは、一挙に世界的問題になることは明白なことであった。国会では、一八九四（明治二七）年五月に「内閣弾劾《だんがい》上奏案」が可決されて、対外強硬政策をとるよう迫っていた。

ところが清国軍は衝突を望まなかったため、日本は開戦の口実を見出せない。そのため、外相・陸奥宗光《むつむねみつ》は朝鮮公使・大鳥圭介《おおとりけいすけ》に、次の提案をさせた。すなわち、日清両国が共同して朝鮮の内政改革にあたろうと。六月二一日に清国はこれを拒否した。すると、大鳥公使は七月一〇日、朝鮮政府に対して、内政改革案（実行期限付き）を提出した。また七月二〇日には、朝鮮政府に対して、清国に対する「宗属《そうぞく》関係」（「朝貢体制」のもとでの、宗主国・清と藩属国・朝鮮の関係）を破棄して、清国軍の撤兵を要求することとする「最後通牒《つうちょう》」を突きつけ

開戦の口実つくり

た。要求を飲まなければ戦争に訴える、というのである。朝鮮政府はこれを拒否する。すると二三日、日本軍は王宮を占領して、朝鮮軍を武装解除し、政府を転覆して「親日政権」を樹立した。このように、まず日本の朝鮮攻撃から、ことは始まった。

日清戦争

そして、「日清戦争」となる。その親日政権の命令だとして、二五日、日本海軍は豊島《ブンド》（ほうとう）沖で清国軍艦を攻撃したのである。戦力の差は圧倒的に日本が勝《まさ》っており、清国は敗退した。二九日、日本陸軍はこんどは成歓《せいかん》で清国軍を撃破する。ここまできて、八月一日、朝鮮を清国から独立させることを理由に、明治天皇は清国に宣戦を布告した。九月一五日には、清国が拠点にした平壌《ピョンヤン》（へいじょう）を攻撃した。最後の戦闘は「黄海海戦《こうかいかいせん》」である。九月一七日、海戦は日本の勝利で終わる。

その後の一〇月、全琫準《チョンボンジュン》らはまた蜂起した。朝鮮の官軍の一部もこれに協力した。しかし、兵力に圧倒的な差があって、農民軍は惨敗する。日本軍は、その後も「残党狩り」を進め、悲惨な残虐行為がくりかえされた。一一月二一日には、日本軍は清の領土・遼東《りょうとう》半島の大連《だいれん》に上陸して、旅順《りょじゅん》要塞を落とした。ここでも、日本軍は非戦闘員・婦女子・幼児を虐殺している。

日清講和条約

一八九五（明治二八）年四月一七日、「日清講和条約」が下関《しものせき》で締結された（下関条約）。その内容は、以下のとおりである。第一に、清国は朝鮮の「独立」を認めた。清国と朝鮮との「宗属関係」を絶つということである。このことは、日本が朝鮮支配に向けての足掛りを獲得したことを意味している。第二に、清国は遼東半島南部と台湾・澎湖《ほうこ》諸島を日本に割譲《かつじょう》する（割《さ》いて譲る）ことを承認した。第三に、賠償金二億両《テール》（三億一〇〇〇万円ほど）を日本に支払うことに同意した。

こうして、日本は一躍して植民地を持つことになり、国際関係に重要な影響をおよぼす「帝国主義国家」の一つとなったのである。国民と議会は、戦勝にわきたって、「挙国一致《きょこくいっち》体制」が成立した。そして、三〇年におよぶ「藩閥政府」と「民権派」との対立が解消された。それは、天皇と陸海軍を先頭として、それに議会が協賛する体制であった。これは、「日本国民」と「日本国民国家」の抜きがたい性格として、定着していった。戦争を推進することが国是《こくぜ》の国になったのである。

三国干渉

「日清講和条約」調印直後の一八九五年四月二三日、ロシア・フランス・ドイツの列強《れっきょう》三国は、軍事的威嚇《いかく》のもと、日本は遼東《りょうとう》半島を清国に還《かえ》せと「勧告」してきた。ロシアは、日本による朝鮮半島の領有が、ロシア自身の南下政策を困難にするものと考えた。フランスは、「仏露同盟」があったのでロシアを支持した。ドイツは、ロシアの関心を極東に向けさせようという立場から、ロシアの行動を支持したのである。日本は、これに対してイギリスの軍事的援助を期待したが、イギリスは対応しなかった。アメリカも中立を宣言した。そこで日本は、この「三国干渉」を受諾するほかなかった。五月一〇日、遼東半島を中国に還《かえ》した。それは、日本の威信を傷つけた。

閔妃殺害事件

朝鮮国は、日本が朝鮮に対して、命令的に振舞うことに反発していた。そこで、ロシアへの接近を図る。その中心は、閔妃《ミンピ》（びんひ）であった。その閔妃が日本によって殺害された。金重明《キムジュンミョン》『物語 朝鮮王朝の滅亡』（前出）は、「閔妃殺害事件」を次のように描いている（「／」は、同書における行替えを示す）。

「日本の影響力［朝鮮に対する――来間］が後退していく中、万策尽きた日本公使、井上馨《いのうえかおる》は失意のうちに朝鮮を離れる。代わって新しい公使となったのは三浦梧楼《みうらごろう》だった。三浦は外交官ではなく、退役した陸軍中将であった。三浦は、日本の外交の失敗はすべて一人の女性、閔妃にあると考えた。そしてこれを物理的に除去しようと画策するのである。／赴任して一月余りの一〇月八日の夜明け、三浦の指示を受けた日本軍守備隊と朝鮮人の訓練隊が王宮に突入する。驚いた侍衛隊の兵士がこれに銃撃を加えるが、衆寡《しゅうか》敵せず［多勢《たぜい》に無勢《ぶぜい》］、まもなく蹴散《けち》らされてしまう。同時に間道を通って王宮に侵入した大陸浪人を中心とする日本の民間人が奥殿に突進する。景福宮《キョンブクグン》の最北、高宗と閔妃の居所である乾清宮に最初に到達したのは、侍衛隊の抵抗を受けた日本軍守備隊ではなく、民間人のほうだった。彼らは抜き身の刀を振りかざして乾清宮になだれ込むと、必死になって閔妃を探し回った。何人かの宮女が斬殺され、閔妃をかばった宮内大臣、李耕植《イギョンシク》もこのとき斬り殺される。そして閔妃を惨殺するのである」。「三浦はすべてを朝鮮人の内紛のせいにしようと計画していたが、ずさんな計画はたちまち破綻《はたん》してしまう。王宮内にいたアメリカ人のダイ将軍と、ロシア人の技師、サバティンが乾清宮の前ですべてを目撃していたのである。またこの日の朝、血刀をさげた異様な風体《ふうてい》の男たちが王宮から出ていくところを多くの朝鮮人が目撃していた。／事態を糊塗《こと》する「ごまかす」のは不可能だった。日本はこの蛮行によって、全世界に大恥をさらすことになったのである。国際的な非難の声に、日本政府はしかたなく三浦らを帰国させ、軍法会議にかける。しかし裁判の結果は、証拠不十分のため全員無罪というものだった。釈放された三浦らの帰還は、まるで凱旋《がいせん》将軍のようであったという」。

この事件のあと、九六年一月に、日本の統治に抗する「義兵闘争」が起こる。そのなかで、朝鮮の国王・高宗と王太子がロシア公使館に逃れた。そのうえで、日本統治に協力してきた「開化派」大臣たちを逮捕させるなど、高宗は一年間もロシア公使館で執務したのである。九七年二月、閔妃の殺害された景福宮《キョンブクグン》ではなく、英米露公使館に近い慶雲宮《キョンウングン》に遷《うつ》して、そこを「正宮」とした。

日清戦後経営と産業革命

日清戦争後の日本は、「三国干渉」によって遼東《りょうとう》半島を返還させられたことをうらみ、ひたすらロシアに対抗しようとする。そのスローガンが「臥薪嘗胆《がしんしょうたん》」であった。「薪《まき》に臥《ふ》せ、苦い胆《きも》を嘗《な》めて、復讐を誓った」という、中国の故事《こじ》にちなんだ言葉である。軍事力を蓄えて、いつかロシアと戦おうという合言葉であった。日本は、ひたすら軍事力の増強に走る。

賠償金の獲得

その、日清戦争後の軍事力拡大に使われたのが、清国の対日賠償金であった。日本は、日清戦争の賠償金として三億一〇〇〇万円を、遼東半島を還付した代償として五〇〇〇万円を獲得して、計三億六〇〇〇万円の賠償金を得た。これを「償金特別会計」（「償金」は賠償金のこと）として、次のように支出した。第一、日清戦争戦費補充に七八九五万円、第二、陸軍拡張に五六七九万円、海軍拡張に一億三八一五万円、第三、帝室御料（天皇家の財産形成）に二〇〇〇万円、第四、水雷・教育・災害準備のための三つの基金に五〇〇〇万円（緊急時には軍用に供する）、第五、台湾領有に基づく事業資金三五〇〇万円のうち一二〇〇万円などである。また、この賠償金の収入があったため、日本は一八九七（明治三〇）年に、世界資本主義の基軸的通貨体制である「金本位制《きんほんいせい》」に移行することができた（それまでは「銀本位制」）。

これを「日清戦後経営」という。

一〇年後に日露戦争を迎えるが、それまでの一〇年間に、日本は産業革命を迎えた。

産業革命

産業革命とは、技術革命を基礎としているが、そのことそのものをいうのではない。経済の発展によって、社会のあり方が大きく変わることである。それは資本主義社会への移行といっていい。資本主義とは、物品を商品として生産することを基本にして、資本家が会社を経営し、そこに多数の労働者を雇い、賃金を支払うという社会のことである。それ以前の封建社会においても、「雇い－雇われの関係」はなかったわけではない。しかし、その規模は小さく、主流ではなかった。また、封建社会でも商品の生産と流通はあったが、その規模は小さく、主流ではなかった。資本主義は、このような商品生産と、「雇い－雇われの関係」を、大きく広げて、主流にしたのである。一八九五（明治二八）年と一九〇五（明治三八）年とを比べてみる。会社（株式・合名）の数は、二四五八から九〇〇六へ三・七倍、その払込資本金は、一億七〇〇〇万円から九億七〇〇〇万円へ五・七倍、と増加している。製糸業（生糸生産業）の生産量は、三万一〇〇〇俵《ぴょう》から一〇万六〇〇〇俵へと三・四倍に増加し、この間に「器械製糸」が「座繰《ざぐり》製糸」を上回った。紡績業（綿糸生産業）では、工場数が四七となり、運転錘《すい》数［錘数は、糸を紡《つむ》ぐ道具の数を表わす単位］は五二万となった。

もっとも、日本の産業革命は政府主導で、外国から機械設備や技術・技術者を導入して推進されたものであって、在来の工業が内から進化していったものではない。それは、その後の競争の中で淘汰《とうた》されていったのである。

なお、沖縄は、「近世」においても商品・貨幣の流通は微弱だったし、その後も「旧慣」を残すことを基本にしていたので、このような産業革命は、沖縄には及んでいない。

条約改正と「日本近代化」のゴール

条約改正　一八五八（安政五）年に結ばれた、五か国との「修好通商条約」は「不平等条約」であった。①「最恵国待遇」（ある国に認めた相手方有利の条項は、別の国にも認めなければならない）が規定されていること、②関税（輸入品に掛ける税金）を、日本自体で自主的に決めることができないこと、③領事裁判権（外国人が犯罪を起こした時の裁判権）がなく、日本だけでは裁けないこと、などである。

なお、問題としているのは、それ以前に四か国と結ばれた「和親条約」ではなく、その後の「通商条約」である。通商条約は、当初、アメリカ・オランダ・ロシア・イギリス・フランスと結ばれた。また、これら五つの条約を基本的に引き継いで、スウェーデン・ノルウェー・北ドイツ連邦・オーストリア＝ハンガリーの四か国とも結ばれた。

明治政府は、早くからその是正に取り組んだ。しかし、憲法がなく、議会もない、つまり「近代国家」の体《てい》をなしていない日本は、交渉の相手とはされなかった。そこで、条約改正の申し入れを行うとともに、相手諸国の批判に耐えうるように、内政改革にとり組んでいったのである。その象徴的な成果が憲法の制定であり、また刑法・刑事訴訟法・民法・商法などの制定であった。これにより、欧米諸国も「条約改正」に対応していくようになる。

それが、粘り強い交渉の末ではあるが、実を結んだ。まずアメリカは、一八八九年二月二〇日に調印した。そしてドイツ、フランス、ロシア、イタリアと続き、イギリス、オーストリアとも協議が成立し、条約は改正されていった。一八九四年八月の「日英通商航海条約」では、双方は互いの「内地」を開放して、居住・交通・所有・経済活動をすることを認め合った。

このことをもって、日本は近代化をなしとげた、と多くの論者は指摘する。

法典の整備

小風《こかぜ》秀雅《ひでまさ》「条約改正と憲法発布」（荒野《あらの》泰典《やすのり》・石井《いしい》正敏《まさとし》・村井《むらい》章介《しょうすけ》共編著『近代化する日本』（吉川弘文館・日本の対外関係7、二〇一二年のうち）は、条約改正の難航は、「日本の法典整備の遅れ」がかかわっており、そのために「重要法典の制定」が進められたとしている。「一八八八年十一月三十日の閣議に、年内に民法、商法、訴訟法、裁判所構成法の編纂が完了し、元老院に付議する予定が報告され、以後順次公布されていった」。それを「法典の整備過程」という表にまとめている（表8－1）。

沖縄には不適用

例えば「商法」は、沖縄には実施されなかった。一八九〇（明治二三）年一〇月三日、「法律第百三号」として、「商法ハ沖縄県ニ於テハ 当分ノ内 之ヲ施行セス」が出ている（『〈旧版〉沖縄県史』13・沖縄県各省公文書2）。その説明文には、「沖縄県下ニ在《あり》テハ従来ノ法律規則ニシテ 未《いま》タ実施セラレサルモノ数多有之《あまたこれある》国情ニシテ 他府県下ト同一視スル能《あた》ハサルハ勿論ノ義ニ有之」とある。

また、三年後の一八九三年一一月一九日にも、「官房第四八五号」として、「沖縄県ニ商法ヲ施行

表 8-1　法典の整備過程

法律名	公布（布告）日	施行日	備考
改正刑法	1880.7.17	1882.1.1	
治罪法	1880.7.17	1882.1.1	1890 年 11 月 1 日廃止
裁判所構成法	1890.2.10	1890.11.1	
刑事訴訟法	1890.10.7		治罪法を改正
民法中財産、財産取得、債権担保、証拠の 4 篇	1890.4.21	1893.1.1	1892 年無期延期、廃止
民法中の財産取得編の残部及び人事編	1890.10.7	1893.1.1	1892 年無期延期、廃止
商法	1890.4.26	1891.1.1	延期して 93 年 1 月 1 日施行
民事訴訟法	1890.4.21	1891.4.1	

（出典）小風秀雅「条約改正と憲法発布」（荒野泰典・石井正敏・村井章介共編著『近代化する日本』（吉川弘文館・日本の対外関係 7、2012 年）。

セサルノ件」が出ている（同上書）。これまで「沖縄県ノ施政ニ就《つい》テハ万事旧慣ニ拠《よ》ルノ方針ヲ以テ進ミ来レリ」としながらも、「然《しか》ルニ今ヤ商法ノ一部ハ内地ニ実施セラレタル以上ハ沖縄県ニモ之ヲ実施セスシテハ一国内ニ二法律行ハレ同県ト内地トノ商取引ニ関シテハ時トシテ法律上ノ疑問ヲ惹起《じゃっき》シ差支《さしつかえ》ヲ生シ候虞《おそれ》モ有之ノミナラス」と述べている。では、施行するのかと言えば、そうではない。「従来国立銀行条例貯蓄銀行条例及銀行条例ノ如キハ施行シタル例モ有之」ことが一つ、「且《か》ツ二十六年法律第九号ハ二十三年法律第百三号ヲ消滅セシメタル姿モ有之」ことがもう一つ、「旁《かたがた》［併《あわ》せて］現行ノ部分丈《だけ》ハ同県ニ施行スルモ差支《さしつかえ》之無様《これなきよう》相《あい》見《み》へ候得共《そうらえども》」、つまり三つ目に、「今実施している部分だけは沖縄県に施行しても差し支えないとも見えるが」と、三つも「差し支えない理由」を挙げているものの、これが次のように否定されている。すなわち「之《これ》ヲ施行スルトキハ二十三年法律第百三号ノ主旨ニ反スルハ勿論又従来施政ノ方針ニ異ナルヲ以テ仮令《たとい》商法ノ一部分ナリトモ同県ニハ施行スヘキニアラスト思考ス」と述べている。つまり、「これを施行すれば、二十三年法律第百三号の主旨に反するし、また、これまでの施政方針（旧慣の存置）と異なるので、たとい商法の一部であっても沖縄県に施行すべきではないと考える、と述べている」。これが提案者・渡辺国武大蔵大臣の考えである。そして、次のように結んでいる。「然《しか》レトモ事《こと》他省ニ関係スルヲ以テ茲《ここ》ニ閣議ニ提出ス」、つまり「そうはいっても、ことは大蔵省以外の省にも関係することなので、閣議に提出する」と述べている。

これは、同年一二月一九日に、大蔵大臣が提案したとおりに決定している。

なお、民法についての公文書が見当らないが、趣旨からして、民法も商法と同様、沖縄県にはすぐには施行されなかったと見られる。

「日本近代化」のゴール

荒野泰典は、共編著『近代化する日本』（前出）のなかで、「近代化する日本（通史）」を担当しているが、そこで次のように述べている。小見出しは「〈日本近代化〉のゴール――〈明治維新〉の終わり」である。

「この時期の終わりを条約改正の達成に置いたのは、日本の近代化が〈不平等条約改正により、ゴールにたどり着いた〉（前出、小風秀雅「条約改正と憲法発布」）と判断されるからだ。小風秀雅は、別の機会にも、この時期を〈維新以来近代化を目指してきた時代の終わりであり、近世から近代への移行期の終焉〉と位置づけている（小風「近代国家と帝国国家」、『日本の時代史23　アジアの帝国国家』吉川弘文館）。また、宮地正人《みやちまさと》は、〈日本的国民国家の確立は、基本的な諸点において、すべて日清戦争と関係し、日清戦後の時期に求められると断言〉する（宮地「日本的国民国家の確立と日清戦争——帝国主義的世界体制の成立との関連において」、比較史・比較歴史教育研究会編『黒船と日清戦争——歴史認識をめぐる対話』未来社）。宮地の提示する基本的な諸点は以下の四つだった（カッコ内は、指標となる事柄と年代だが、その表現には荒野の意見も入れている）。

①主要民族を基礎として、近代的な独立自主の主権国家が形成されていること（条約改正の成就《じょうじゅ》、一八九九年）。

②産業革命を経た資本主義経済が一国内をほぼ包摂していること（資本主義の確立、いわゆる日清日露戦間期）。

③国民的な合意を形成するための主要な場である議会が国家・社会の統合機能を果たしていること（第七回臨時議会、一八九四年）。

④国民文学を中核とする国民文化が形成されること（標準語の登場、一九〇二年）。

宮地が指摘するように、四つの指標はほぼ一九世紀末に出そろっている。この時期が明治維新のゴールであり、同時に新たな時代＝帝国主義的国家段階の始まりでもあった」。

日清戦争と沖縄の転機

「琉球処分」以後、官界・財界・教育界のいずれも、日本から来た者に牛耳《ぎゅうじ》られ、旧支配層の権威はみるかげもなくなったのである。そこに日清戦争が起こると、沖縄では「頑固党」（黒党）が、「尚泰の健康」と「清国の戦勝」をくりかえし祈願する行動をとった。これに対して、「開化党」（白党）の側にある『琉球新報』紙は号外で、日本勝利の情報を流して、それをデマとして信じようとしない頑固党を激しく攻撃した。

頑固党と開化党

その頑固党も、事態が明らかになってくると、認めざるを得なくなる。中国の敗戦によって、頑固党の権威は失墜し、その勢力は弱まっていく。かれらは中国に頼って「復藩」するという構想を持っていたが、それは大きく後退した。代わって開化党の勢力が強まっていく。

こうして、琉球／沖縄の日本への「同化」が進む。沖縄は、日本とは異なる歴史を持ち、社会の性格も異なっていたが、外（日本）からも内（沖縄）からも、「同化」を求めていく時代になっていった。

公同会運動

「同化」の方向を認めつつも、沖縄独自のあり方を模索した最後の活動が「公同会《こうどうかい》」運動であった。一八九五（明治二八）年五月ころ、男爵尚寅《しょういん》ら八人の発起によって、政治結社「公同会」が組織された。会に参加したのは開化党だけでなく、頑固党の一部を含んだ旧支配層であったといわれる。ただ、東京留学帰りの護得久朝惟《ごえくちょうい》、高嶺朝教《たかみねちょうきょう》、豊見城《とみぐすく》盛和《せいわ》、太田《おおた》朝敷《ちょうふ》らの新知識人も加わっていた。公同会は、一八九七年の秋に、国に請願書を提出した。その「趣意書」には、次のようにある。①沖縄県民の「日本」への同化の必要、②同化実現のための特別制度設置の必要、である。その特別制度とは、「沖縄ニ長司ヲ置キ、尚家ヨリ親任サル、事」（沖縄には知事ではなく「長司」をおいて、それには尚家から当てること）というものであった。この公同会運動は、県の内外からの猛反対にあって、自然解消した。

公同会運動が終わったことによって、県内の旧体制的な反日勢力がほぼ一掃されたことになる。それは「旧慣」の改変への道筋を開いたことにもなる。

このようにして、沖縄は「日本」という体制に引き込まれていき、天皇主権の日本、戦争国家日本の一員となっていったのである。

『読売新聞』の論評

なお、当時の『読売新聞』は、明治三〇年七月にこの問題を論評している。うち社説「沖縄県の自治問題」が、七月二六〜二九日に連載された（『那覇市史』資料編第二巻中の四、所収）。その中から紹介する。

『読売』は、彼ら公同会が「純良なる陛下の臣民」であり、「沖縄の県益」を求めるだけでなく「日本の国益」も求めているとしている。そして、彼らは「旧主尚泰《しょうたい》侯」を担《かつ》ぐことのほかに、「人心の統一を図ること」はできないだろうと考えており、『読売』はそのかぎり同調している。そしてこれを「自治党の運動」と表現している。

そして、次のようにいう。「琉球島」は「儒教主義」だった。「然《しか》るに廃藩〔琉球処分〕以来一朝此《この》風習の打破に逢《あ》った。また、県庁などの役所には多くの内地人が入ってきたが、そのほとんどは「少壮者」（歳若い者）であるにもかかわらず、「官威《かんい》」（官職の権威）を振り回している。このことは、「琉球人に取りては非常なる刺撃《しげき》〔気に障《さわ》ること〕なりし」。また、内地人、とりわけ鹿児島県人が、勝手気ままに振舞うことが甚だしいので、従順でならした沖縄県人も、さすがに悲憤せざるを得ないのである、このような状況であるから、「自治党」の運動は生まれたのである。

「自治党」の想いを代弁し、他方では「内地人」への批判を込めている。

徴兵制なき沖縄で志願兵出る

なお、日清戦争は、まだ徴兵制のなかった沖縄に、それに自主的に参加する動きをも生み出した。いわば内からの「同化」希望である。自ら志願して軍人になった人びとがあったのである。一八九〇（明治二三）年に、沖縄の一〇人の青年たちが、「陸軍教導団」に志願して入団した。その中心的人物は、のちに「屋部《やぶ》軍曹」という名で語り継がれるようになる屋部憲通《けんつう》であった。

『〔旧版〕沖縄県史・1・通史』（一九七六年）の、西原文雄《にしはらふみお》および田港朝和《たみなとともかず》の記述による。

日本の中国への侵出

日本の台湾占領

日清戦後の講和条約によって、台湾は日本に割譲《かつじょう》された（「割譲」とは、領土の一部を割《さ》いて譲渡することをいう）。しかし、台湾はすんなりと日本の植民地になったのではない。一八九五（明治二八）年四月の講和条約締結の翌月、島民は日本の植民地化に反対して「台湾民主国」の樹立を宣言した。直後に上陸した日本軍（樺山資紀《かばやますけのり》台湾総督ら）と、彼らは各地で激戦をくりひろげた。それでも一〇月に、台湾南部防衛のリーダーであった劉永福《りゅうえいふく》が厦門《アモイ》に逃げたので、大規模な抗日戦闘は終わった。しかし、小規模の反日ゲリラ活動は、先住民たちを中心に、一九〇二（明治三五）年まで続く。

この間、日本軍の犠牲は、戦死者一六四人・戦病死者四六四二人・負傷者五一四人、合計で五三二〇人を数えた。日本占領軍は、風土病のマラリアや、生水を飲んでの赤痢《せきり》や、栄養不足からくる脚気《かっけ》などに悩まされたのである。一方の中国人の兵士と住民は、約一万四〇〇〇人が殺害された。

翌年、日本は台湾総督府《そうとくふ》を設置した。台湾には帝国憲法と日本の法律が適用されず、台湾総督は台湾域内に、法律と同じ効力をもつ命令（律令《りつりょう》といった）を発することができた。

中国分割

日清戦争で日本に敗れた中国は、ヨーロッパ列強からも侵略を受けることになった。ドイツは、遼東半島対岸の山東《さんとう》半島の膠州湾《こうしゅうわん》を租借《そしゃく》した。「租借」とは、他国の土地の一部を借りて、そこを実質支配することである。ロシアも、イギリスも、フランスも、それぞれ中国の各地を租借した（イギリスによる香港の「割譲」はもっと早く、一八四二年のことである）。

北清事変＝義和団事件

欧米列強は、華北（北清《ほくしん》）地域を中心に、中国侵略を進めていった。その象徴的なものがキリスト教であり、その宣教師と教会が人びとの反感を買った。そこに秘密結社である「義和団《ぎわだん》」が「反帝国主義・反キリスト教」の闘争をくりひろげた。列強、具体的には「北京列国公使団《ペキン》」が、清国に対して義和団の鎮圧を要求する（一九〇〇年一月）。しかし、「扶清滅洋《ふしんめつよう》」（清を扶《たす》け西洋を滅ぼす）を掲げるこの勢力はますます増大していき、義和団は北京の各国公使館を包囲した（六月）。ここで、清国が義和団の側に立って、列国に対して宣戦を布告した。列国はイギリス・アメリカ・ロシア・ドイツ・フランス・イタリア・オーストリアであり、連合軍を編制した。これにイギリスに要請された日本が加わり、列国の中で最大の兵力を動員した（七月）。連合軍は北京を攻撃して各国の公使たちを救出し、街で略奪した。

一九〇一（明治三四）年一月、「北京議定書」（講和条約）が結ばれ、清国は四億五〇〇〇万両《テール》（六億三三五〇万円ほど、日本への分配は八％弱）の賠償金を支払った。また、北京公使館区域への外国人護衛兵の常駐、北京から海浜までの外国軍占領などを認めさせられた。日本は、北清駐屯軍を配置することが認められ、以後は中国に常駐軍を置くこととなる。

この経過の中で、ロシアの南下を危ぶむイギリスは、日本との連携を強める方針を取り、「日英同盟」を結んだ（一九〇二年一月）。

日露戦争と帝国主義

閔妃殺害事件のあと、開化派の内閣が成立し、「改革」（朝鮮の近代化をめざすもの）に取り組もうとしたが、反日義兵闘争を誘発して、九六年二月に打ち倒され、その改革は流産した。改革の是非ではなく、日本による閔妃殺害事件に基礎をおく政権だったから、人びとの支持を得ることはできなかったのである。代わって政権を担ったのは親露派であった。しかし、大衆の支持を獲得することはなかった。

大韓帝国の成立

このような流れの中で、次のことが進められた。「官僚と儒者が皇帝と称すべきことを建言したので、国王高宗《コジョン》は、年号を光武《クワンム》としたのについで、［一八九七年］一〇月 皇帝即位式を挙行し、国号を大韓帝国（韓国）とあらためた。中国皇帝をはじめ各国君主と同格の独立国の元首であることの宣言である。……九九年八月、憲法にあたる〈大韓帝国国制〉を制定した。……絶対主義君主支配の国家統治体制の基本法である」（海野福寿《うんのふくじゅ》『韓国併合』一九九五年）。

日露戦争

日本とロシアは、「朝鮮中立論」（どちらも干渉しない）、「満韓交換論」（ロシアの満州支配とひきかえに、日本の朝鮮支配を認める）などをめぐって交渉があったが、決裂した。

一九〇四～〇五（明治三七～三八）年に日露戦争が起こる。これは、日本とロシアが、中国東北部（満州）と朝鮮半島をめぐって、その制覇を争った戦争である。結果として、日本はこれにも勝利したが、双方とも戦争継続が難しくなった国内事情によって終えたもので、遼東半島は日本に租借されたものの、賠償金は手にできなかった。そのことは多くの日本国民の憤激をよび、日比谷公園では暴動が起こった。

開戦の前年に、『万朝報《よろずちょうほう》』の中心的な記者であった社会主義者の堺利彦《さかいとしひこ》と幸徳秋水《こうとくしゅうすい》、そしてキリスト教徒の内村鑑三《うちむらかんぞう》が「退社」した。社が開戦支持に向かい始めたことに同調できないと宣言し、退社したのである。堺と幸徳は「平民新聞社」をつくり、反戦の論を展開していった。内村は、日清戦争の時には開戦を支持していたが、この日露戦争の時にはじめて反戦の立場に立った。

与謝野晶子《よさのあきこ》は、出征中の弟をうたった詩（君死にたまふこと勿《なか》れ）を詠んだ。大塚楠緒子《おおつかくすおこ》は「お百度詣《ひゃくどもう》で」で、国よりも「夫《つま》」を想う気持ちをうたった。

帝国主義の時代

「帝国主義」とは、資本主義が自由競争の段階から独占の段階に入ったこと、すなわち、有力な資本の成立と、それによる国内産業の支配が確立し、それを金融資本が統括するような、国内経済の発展を基礎に、国外に展開して、植民地を持ち、また有力な少数の国家群が、世界を分割・支配するような段階に入ったことをいう。

これは、レーニン『資本主義の最高の段階としての帝国主義』（『帝国主義論』ともいう、一九一七年）による、経済学的な理解を示している。

これに関わりつつ、中山治一《なかやまじいち》『帝国主義の時代』（世界の歴史13、中央公論社、一九七五年）は「帝国主義」について、次のように述べている。

「ヨーロッパやアメリカの先進国で一九世紀の後半期からはじまった〈技術革命〉は、多種多様の自然資源に対して、新しい需要を大量によびおこした。経済専門家たちのいうところによると、現代の産業にとって必要欠くべからざる自然資源は、コルク、鉄、錫《すず》、銅、亜鉛、ニッケル、金、白金、銀、水銀、砒素《ひそ》、石炭、ゴム、石油などであるというが、しかしこれらの多くは、ヨーロッパではまったく産出しないか、あるいは産出されてもごくわずかにすぎない。いずれにしても、ヨーロッパだけでは、一九世紀末から二〇世紀初頭にかけておこってきた自然資源に対する大量の需要をみたすことはできなかったのである」。「これらのものがヨーロッパにはほとんど産出しないとすれば、その当然の帰結として、ヨーロッパ諸国の企業家たちは、それらの資源をもとめてヨーロッパの外へ出かけていくことになる。彼らはアジア、中央アフリカ、マレー半島、そして太平洋諸島というような、白色人種の移住にまったく適しないところへまでも出かけていくことになった」。

そして、「一八七六年から一九一〇年まで」の「時期には、植民地獲得の新しい波がおしよせ、多くの国がその熱狂の渦《うず》にまきこまれる」。日本の年号でいえば、明治九年から四二年にあたる。本書の扱った時代に、ほぼそのまま当てはまる。つまり、日本は、世界が帝国主義の時代に入っていくころ、その後半に、自らも帝国主義の仲間入りを果たしていったことになる。

ここでいう「新しい波」とはなにか。「それは、先進国の企業家たちが後進国の現地で新しい企業をおこし、経営することをはじめたという点にある」。労働力は安価だった。それだけでなく

「現地の政治事情が安定しており、社会の秩序が維持され、企業家や投資者の所有権が安全に保護されていることが必要だ」。「ところが、後進国の事情は、多くのばあい、ちょうどこの正反対である。……そこで、後進国での事業に資本を投じた投資家や企業家たちは、自分らの権利を母国の政府にまもってもらい、保障してもらうことをもとめるようになる。ここに、先進国の政府が後進国の内政に干渉しはじめるいとぐちがあったわけである」。後進国を「半植民地化」したり、自分の「保護国」としたり、あるいはまた、その国の一部に「租界」や「租借地」を設定したり、ということになっていく。

なぜ進出したか。「彼らの母国では、資本が余分に蓄積され、したがって資本の利益率がだんだん低くなる傾向にあったが、これに対して後進国では、自然資源と労働力に恵まれながら、しかも資本が不足していたので、資本の利益率が比較にならないほど高かったし、またその利益獲得のチャンスも多かったからである。じっさいヨーロッパの先進国では、そのころすでに大きな資本が蓄積されていた」。

「このように、余分な資本を蓄積した資本主義の先進国が、後進国のなかに有利な資本投下の対象をもとめること、つまり、たんなる商品の輸出だけにとどまらないで、資本そのものの輸出を要求するということこそ、一九世紀の終わりごろになって高度に発展した資本主義を特徴づける現象にほかならない。この点にこそ、それ以前の古い資本主義、つまり重商主義や初期の産業資本主義との差異がみとめられるのである」。

国家主義としての帝国主義

中山治一はここまで書いてきて、そこに異議を挟む。「さて、そのような段階に入った資本主義こそ、とりもなおさず帝国主義というものにほかならない、というふうに、こんにち多くの人々は考えているようである」。しかし、そうではない。「帝国主義《インペリアリズム》とは、一九世紀の終わりごろ、新しい段階に入った資本主義を背景として、そこから生まれてくる特色のある国家現象という意味に理解されるべきものであろう。独占資本主義あるいは金融資本主義そのものがとりもなおさず帝国主義であるとか、資本の輸出が行われておればそれだけですぐさま帝国主義が成立するとか、というようなことにはならない。じっさい、資本の輸出と帝国主義的発展とは、歴史上かならずしも車の両輪のようなかたちであらわれてはいない」。その実例として、イギリスは一八七五年以前から資本を輸出していた。ロシア帝国は高度な資本主義の発展を見せないのに、資本を輸出していた。「このようないくつかの実例は、資本の輸出をともなうほど高度に発展した資本主義の一つの段階そのものが、それだけで帝国主義なのではないということをしめすものであろう」。資本の輸出に加えて「なにかほかの要素」があったのである。「そのうちの最もいちじるしいものとして、とくに、一九世紀の指導理念の一つであったナショナリズムから出てくる国家主義というもの、そしてこれにもとづく一八七〇年代以来の国際的競争の過激化ということをあげねばならない」。「ただ、この段階でのナショナリズムには、〈民族主義〉という訳語をあてるよりもむしろ〈国家主義〉という訳語をあてる方が、いっそうふさわしいであろう」。

ここで中山は、「帝国主義というものを、一九世紀のナショナリズム、あるいはそこから出てくる国家主義の継続発展という側面から考えてきた」という。「そして、このような帝国主義の時代をむかえる一九世紀の終わりごろになると、欧米の先進国は外にむかって膨張、侵略の傾向をもち、異民族をも自分の国の支配下にくりいれようとして機会をねらっていたのである」。「ヨーロッパでの列強の摩擦や衝突が、アジアやアフリカにまで延長された結果、また逆に、こんどはアジアやアフリカでの列強の利害の対立が、ヨーロッパでの国際政治の動きを左右することにもなった。不幸にも、このような国際政治の悪い側面、赤裸々《せきらら》な国家利害と露骨な権力外交を通じて、地球上の各地域が共通の運命をもつようになり、ここにはじめていわば地球表面の全部が一つの歴史的世界のなかに組みこまれたのである。これは、まさに人類の歴史はじまって以来、この時代になってはじめて実現された新しい現象であって、ここにまた、やがて二〇世紀に入ってヨーロッパの一隅からおこった戦争が世界的な規模で戦われる〈世界戦争〉にまで発展せざるをえなかった根本の理由もあったというべきであろう」。

ここまで来て、中山は、「帝国主義という、一九世紀の終わりごろの資本主義国家に共通する一般的な現象を批判しはじめたのは、いうまでもなく社会主義の陣営に属する人々であった」と述べていく。中山は、カール＝カウツキー、マックス＝ペーア、ジョン＝ホブソン、ヒルファーディング、ローザ＝ルクセンブルグ、レーニン、シュンペーターを挙げている。

それでも中山は、経済に限定した議論を排除し、国際政治／政治学の観点をもとり入れた議論を展開しているようだ。私は、傾聴に値すると考える。

第9話
「旧慣」の改変は民衆の運動に突き動かされたものか

明治期の沖縄で、権力に抗する、代表的な闘い／運動が二つあったとされている。宮古島島民の「人頭税廃止運動」と、謝花昇らによる「自由民権運動」である。ところが、その語りは、いずれも中心的な活動家たちの、伝記ものに依拠している。確かな根拠がなく、あるいは弱い。にもかかわらず、歴史家たちに支持され、喧伝《けんでん》されてきた。

私は、人頭税は「なかった」と書いてきた。私がそのように書いて以後、積極的に反論する者はまだ出てこない。次の問題は、人頭税が「なかった」のに、なぜその廃止運動が「あった」のか、ということになる。

一方、いわゆる「自由民権運動」についての通説／俗説の批判は、新川明《あらかわあきら》に始まった。私は、それをも念頭において、「杣山処分」をめぐる問題に限って通説／俗説を批判した。

この二つの「運動」をどう見るかは、沖縄の近代を理解するには避けて通ることのできない問題であるということができよう。つまり、「旧慣」は改変されていくが、それは民衆の下からの運動に突き動かされたものか、という問題である。

いわゆる「人頭税廃止運動」

私はまず、「近世先島の人頭税と琉球の租税制度」（沖縄国際大学南島文化研究所編『近世琉球の租税制度と人頭税』日本経済評論社、二〇〇三年）で、人頭税は「なかった」という認識に至ることになる、そのきっかけを得て、その直後から「なかった」と論じ始めていたが、明確にしたのは『人頭税はなかった――伝承・事実・真実』（榕樹《ようじゅ》書林、二〇一五年）においてであった。そして、本シリーズの二冊目、『琉球近世の社会のかたち』（日本経済評論社、二〇二一年）でも論じた。

人頭税はなかった

その、『琉球近世の社会のかたち』でもこの問題について述べたが、ここではもう少し敷衍《ふえん》して論じてみたい。

先島（宮古・八重山）では「人頭税」という「過酷な制度」があったといわれてきた。しかし、人頭税はなかったのである。琉球近世の租税制度は、沖縄本島地域も先島地域も、個人ではなく団体（間切《まぎり》・村）が納税の主体だった。つまり、個人ごとに税額を割り当てるというものではなかったのである。ましてや、一人ひとりに、画一的に、税額を割り当てるというものではなかった。

このように、その団体の「人頭」つまり人数／人口を基準に租税が割当てられていたことを、明治政府の調査書「旧慣租税制度」は「人頭税」と表現した。しかし注意深く読めば、「人頭税」とは言っているものの、一人ひとりに、画一的に、税額を割り当てるとは書いていない。「人頭」（人口）を基準とされているのは、村に割当てる租税であって、個々人に割当てるそれではない。そこを読みとることなく、字面《じづら》だけに着目してしまったのである。

このことから、のちの人びとは「人頭税とは何か」を検証した。すると、「人頭税」とは一人ひとりに、画一的に課税することだと分かり、そこから、琉球の「人頭税」も画一的な課税だという誤解が生まれたのである。

しかし沖縄で「人頭税」と言われたものは、その人数を基準にその団体（村）の負担総額が決められるのであって、負担額が一人ひとりに、画一的に分割されるのではない。これは、いわゆる「人頭税」ではない。

人頭税の廃止運動

その「人頭税」が施行《しこう》されていたとされる先島のうち、宮古島では、その廃止運動が起こったという。人頭税はなかったのに、その廃止運動はあったのだろうか。

この運動には、沖縄本島から派遣されていた製糖技師・城間正安《ぐすくませいあん》と、新潟県から来島していた真珠養殖／採取業者・中村十作《なかむらじゅうさく》が関与していた。彼らをリーダーとして運動が展開され、県庁や宮古の役所の弾圧をくぐって、城間・中村と、地元の農民、西里蒲《にしざとかま》・平良真牛《ひららもうし》が代表して、陳情のための上京を果たし、まもなく目的は達成された、とされる。

しかし、資料的な根拠は乏しく、城間・中村それぞれの、いわば伝記小説によって論じられ、脚色されて論じられているにすぎない。

請願書の検討

請願書が国会に提出されている。「沖縄県宮古島々費軽減 及 島政改革請願書」である（『〔旧版〕沖縄県史』14に収録されている）。日付は「明治二十六年十二月《ママ》　日」、提出者は西里と平良（いずれも「平民農」とある）で、年齢は三八歳と三五歳。

その要求は「島政ヲ改革シテ 役員ヲ減シ 以テ負担ヲ軽減スルコト」「人頭税ヲ廃シテ 地租ト為《な》スコト」、「物品ヲ以テ納税スルヲ廃シテ 貨幣ヲ以テ納税スルコト」と要約されている。これは、陳情団が上京した後、東京で書かれたもので、中村が弟・十一郎と合作した「作文」である。

描かれた「生活の状態」は、いわく「〔食物〕島民ハ皆 薩摩芋ヲ常食トシ……大半ノ島民ハ粟《あわ》ノ味ヲ知ラズ……内地ノ如ク香《こう》ノ物《もの》〔漬物〕トテハナク 豚ノ食タル焼酎粕《かす》ヲ購《か》ヒ来テ 薩摩芋ニ和シ之《これ》ヲ食セリ」、「〔衣服〕……甚《はなは》ダ粗悪ニシテ 夏ハ芭蕉布《ばしょうふ》一枚 冬ハ破レタル木綿ノ袷《あわせ》一枚ヲ着スルノミ……甚シキハ 一枚若《も》シクハ二枚ノ夏衣ヲ以テ 家族数人交《かわる》々《がわる》用ユルモノアルニ至ル」、「〔家屋〕其《その》住スル家屋ハ 丸木ヲ以テ築キ 草ニテ家根《やね》ヲ葺《ふ》キ 茅《かや》ヲ編《あ》ミテ四面ヲ囲ヒ 大半ハ屋内〔は〕土間ニシテ……」。そしてまとめて「要スルニ 其《その》衣食住ノ粗悪ナルコト 内地ノ乞食ニ彷彿《ほうふつ》タリ」としている。

この描写が実態から外れていたということではないが、農民自らした表現ではなく、それが「外の目」で書かれていることに問題があろう。自らを「乞食に似ている」と表現するだろうか。

要求については、これが宮古農民の要求であったかについては大きな疑問がある。役員の減員要求は問題ない。しかし、「人頭税」という表現は、当時の宮古島民が使っていたものであるか疑わしい。それはおくとしても、その人頭税を廃止しろ、代わって地租にするようにと要求しただろうか。そのことの意味は、村単位に懸《か》けられている租税を、個人単位に変更してくれ、という要求になる。まず「ありえない」ことと言えよう。また、「物品納」を廃止しろと要求して、代わりに「貨幣での納入」（金納）を求めただろうか。そのような要求が出てくるほど、当時の宮古では貨幣が流通していただろうか。

仲宗根将二《なかそねまさじ》「近世宮古の人頭税とその廃止運動」（前掲『近世琉球の租税制度と人頭税』のうち）は、国会への陳情団の「旅費は農民の一銭、二銭の寄付を求めた。薪《まき》や卵等を売って捻出《ねんしゅつ》したという。不足分は事業資金や家財を処分した（下地馨談《しもじかおる》）」と紹介しつつも、「一般に粟を基本にした物々交換の社会とみなされていた当時、どのていど貨幣が流通していたのか定かでない」と疑問を添えて、「未解明」だとしている。この一文は、同書の編集中に私がした質問を受けて、仲宗根が追加したものである。

東京で歓迎された陳情

この請願は中央政界に歓迎されている。中央の有力者や議員たちが同調し、支援している。新聞の扱いも好意的であった。弾圧をかいくぐって陳情に成功したという「伝説」は受け入れがたい。

先の仲宗根論文によって描く。東京での行動は、中村兄弟と、その同郷の友人・増田義一が中心である。「その経緯は十一郎日記によって詳細を知ることができる」。それによれば、以下のとおり。

まず、「新聞投書の原稿」を作成し、「帝国通信社を皮切りに、国民、朝日、自由、毎日、報知、読売、二六、国会、日々、中央、日本の一一新聞社を歴訪して、宮古の実情を説明、協力を求める」。「九紙、一斉に〈宮古の惨状〉を報道」。翌日さらに一紙も報道。翌々日さらに残り一紙も報道。十一郎は引き続き「請願書」の起草を進める。貴族院・衆議院のすべての議員に「請願書」を配布する。「代表四人」（中村兄弟、城間、増田）、内務次官と井上馨《いのうえかおる》内務大臣と面談。十一郎、「建議書」を作成する。それを内務大臣に提出。谷干城《たにたてき》子爵と近衛篤麿《このえあつまろ》侯爵を訪問して「協力を要請、激励される」。他に、数人の要人にも要請。大隈重信《おおくましげのぶ》伯爵からは「金十円と酒を受く」。「渡辺国武《わたなべくにたけ》大蔵大臣を訪問、要請、大蔵省からも租税課員［を］実情調査のため派遣した旨 蔵相語る」。

日本政府にとってのいわゆる「人頭税廃止運動」の意義は、いずれ改変しなければならないと考えていた、「旧慣」の改変を、沖縄の内側から要求してきたことにあろう。歓迎したのである。これを反権力闘争と見るには、いかにも問題が多い。

いわゆる「自由民権運動」

この、いわゆる「人頭税廃止運動」と同じ時期に、「自由民権運動」があったという。謝花昇《じゃはなのぼる》をリーダーとするこの運動は、日本の自由民権運動が収まって、二〇年ほどものちの「運動」である。それでも「自由民権運動」と呼ばれたのは、それが参政権の要求を含んでいたからであろう。親泊《おやとまり》康永《こうえい》は、その著『義人・謝花昇伝』（新興社、一九三五年）、その新装版『沖縄の自由民権運動——先駆者謝花昇の思想と行動』（大里《おおさと》康永名、太平出版社、一九六九年）でこの問題を論じているが、その後もこの親泊説を踏襲《とうしゅう》している例が見られるので、批判的に検討しておきたい。

新川明による批判

しかし、まず新川明《あらかわあきら》が、これは「政治小説」であると指摘した。新川は、沖縄の日本復帰前年の一九七一年二月二日から七二年四月九日まで、『沖縄タイムス』に「叛骨の系譜——沖縄闘争物語」として連載した（二四六回）が、それは『異族と天皇の国家』と題して二月社から出版され、その「増補改訂版」は『琉球処分以後』と改題して、朝日新聞社から、一九八一年に出版された。また、『反国家の兇区《きょうく》』として、一九七一年に現代評論社から、それまでに発表してきた論考をまとめて出版している（書き下ろし二編を含む）。これには、「〈復帰〉思想の葬送　謝花昇論ノート1」と「〈狂気〉もて撃たしめよ　謝花昇論ノート2」が含まれている。これらは、親泊の議論を批判した唯一の例である。

新川は、総括的に次のようにいう。

親泊／大里康永の『義人謝花昇伝』／『沖縄の自由民権運動』は「あくまでも謝花らの思想と行動をほとんど無条件に美化する一種の英雄伝説として書かれている点で、いわば典型的な善玉悪玉の文学作品（政治小説）と考える方が妥当といえる性質のものであると私は考える」、「だからその限りにおいて私は、この著作について特に異論をはさむべき理由も必要も感じないが、何としても解《げ》せないのは、専門の歴史研究学徒たちのあいだでも、大里のこの伝記作品によって定着せしめられた謝花昇像ならびにその運動の位置づけが、ほぼ無条件に踏襲されて怪しまれず、その運動とそれを支えていた思想体質に対する積極的な解明作業がほとんど捨象《しゃしょう》されている奇妙な学問的現実があることである」（「〈復帰〉思想の葬送　謝花昇論ノート1」）。

さらにいう。「今日氾濫する謝花昇ないしは沖縄自由民権運動に対するあまりにも過大で、しかも全的に称揚《しょうよう》することのみが流行している現状は、感心できないだけでなく、謝花昇の人と思想、あるいは沖縄自由民権運動の正しい位置づけさえもかえって阻害しているように思えてならない」、これは「多くの作為と虚構をもって粉飾された悲運の英雄伝説」である、「私が基本的に謝花昇とその運動について疑問に思うのは、彼らのいわゆる民権運動が、果たして言葉の正確な意味での〈民権〉運動とよぶにふさわしい思想と内実を備えていたのか、ということである」（「〈狂気〉もて撃たしめよ　謝花昇論ノート2」）。

このような指摘が、歴史学者の中からではなく、「私は、いわゆる歴史研究の専門家ではない」と自身でいう新川によってなされたことは、記憶に止めるべきことである。ただ、その新川は、こと「宮古島の人頭税廃止運動」については通説をうのみにしており、謝花らの運動とは異なる、民衆の運動と見ていて、この点は私の残念に思うところである。

参政権と土地整理事業

謝花らは参政権を求めた。しかし、参政権は当時の制度では、一定額以上の国税の納入者（男に限る）にしか認めていなかったのに、沖縄は土地の私有はなく（それが認められたのが「土地整理」）、税は個人が納めていたのではなく、間切・村などの団体が負担していたので、納税資格者を個人ごとに特定することはできず、「土地整理」に基づいて適用された「国税徴収法」によってはじめて、特定できるようになったのである。そのことは謝花も了解していた模様であり、「土地整理」の終了を待っていたらしいのである。

太田朝敷《おおたちょうふ》『沖縄県政五十年』（一九三二年）は、こう述べている。「衆議院議員の選挙法は明治三二、三年の頃、故謝花昇君等の運動に依り、自由党出身の議員諸君の提案で別表が改正されたのであるが、当時は地割制度が存在し、税法も改正されぬ以前であつた為《た》め、実施期は勅令《ちょくれい》で定むと規定したのである。……、当時の税制より見ると、本島内の三郡は納税の単位が村（今の字）であり、極めて少数の請地《うけち》、仕明地《しあけち》の如きも物品納が本体であったから、納税の金額で制限された選挙権を設定するには、……困難であったわけだ」。

なお、太田が「納税の単位が村（今の字）であ」ると述べていることに注目されたい。これは「人頭税はなかった」という私の議論と対応している。

杣山処分とその払下げ

私は、新川の取り扱ったテーマとは異なって、「杣山処分《そまやま》」をめぐる「官地民木／民地民木」論と、国有林払下げの経過を検討することによって、親泊／大里の論を批判した（「土地整理事業」、『〈旧版〉沖縄県史』1・通史、一九七六年）。大里は、杣山処分をめぐって、謝花昇らが沖縄県当局

（奈良原《ならはら》繁《しげる》県知事）と対立したと論じている。

「杣山」とは何か

杣山とは、一般には「木を植え育てて木材をとる山」（広辞苑）であるが、沖縄のそれは、特殊なものであった。農商務省山林局の『沖縄県森林視察復命書』（明治三七年）は次のように述べている。「杣山ハ 其《その》地籍ノ属スル間切、島又ハ村ニ於テ之ヲ保護シ当該間切、村又ハ其《その》住民ハ 建築 薪炭 其他所要ノ木材ハ許可ヲ受ケ 無代価ニテ［只《ただ》で］之《これ》ヲ伐採スルコトヲ得ル成《なる》例ニシテ 藩庁［王府］ニ於テ木材ノ必要アルトキハ 手形ヲ発シテ之ヲ上納セシメ其ノ代価ハ当該間切、島又ハ村ノ負担スル貢租ト差引セシメタリ 杣山中ニ人工ヲ以テ用木ヲ栽植セルヲ仕立敷《したてしき》ト称ス 其区域ハ藩庁之ヲ定メ 其樹木ハ藩用ニ供シタレトモ 間切ニ於テ公共用ニ供スルトキハ 許可ヲ得 無代価ニテ 之ヲ伐採スルコトヲ得タリ 売買質入等処分ノ自由ヲ認メス」（『〈旧版〉沖縄県史』21）。

つまり、杣山を管理・保護しているのは「間切、島又ハ村」であり、そこの住民が必要とする「建築 薪炭 其他所要ノ木材」は、「無代価」（ただ）で利用できたのである。そして、王府が木材を必要とするときは、その代価はその間切・島・村の負担している貢租と相殺《そうさい》されるのである。

これが「沖縄県土地整理法」では、官有地（国有地）に編入されたが、その山林を、改めて「官地＝国有地」と「民地＝民有地」に区分する事業が「杣山処分」である。

「官地民木」論と「民地民木」論

この「杣山」が、土地整理事業（第10話で扱う）に続いて、処分／処理された。

奈良原は「官地民木」とすべきといい、謝花は「民地民木」にすべきと論じたというのが、親泊／大里説である。奈良原は、杣山はその処分後も「官地」すなわち国有地とするが、そこの樹木については、それまで同様に、「民木」すなわち民の利用を妨げないことにするとしたが、謝花は、それはごまかしであって、所有が「官／国」ならば、利用もまた「官／国」になってしまうはずだと主張したという。

私は、これについての根拠資料を求めたが、ほぼなかった。それでも、この『〔旧版〕沖縄県史』1・通史の論文では、次のような資料を紹介した。

「第一に、法規定をみよう。……沖縄県土地整理法第一八条の後段では〈杣山ノ保護管理ニ関シテハ 勅令ヲ以テ規定スルモノノ外 従来ノ慣行ニ依ル〉となっている。〈従来ノ慣行ニ依ル〉のが原則であって、そのかぎりで〈官地民木〉の規定になっていると考えられ、例外として〈勅令ヲ以テ規定〉して民の利用を排除することもあるとされているが、その勅令は出されていない」。

「第二に、この法規定については、貴族院における法案審議の過程で、鍋島直彬《なべしまなおあき》（初代沖縄県令）が次のように当局を牽制《けんせい》していることもみておく必要があろう。／本員抔《など》は実は勅令を以て規定すると云ふ文字はなくても宜《よ》いかと思ひます……努《つとめ》て旧慣に依《よっ》てやらなければ 理屈詰《りくつづめ》に 官有と云ふ事に証拠がないから 実際御前達《おまえたち》の物でないと云ふ様な 過酷な事があっては 実に処分上大変間違《まちがい》なるのみならず 沖縄一県の不幸を来《きた》さうと思ひます（『大日本帝国議会誌』第五巻）」。

「第三に、政府方針の決定において有力なよりどころとなったと考えられる〈一木《いちき》書記官取調書〉においても、次のように指摘していた。／沖縄県ノ山林ハ 之ヲ純然タル官林トセハ 人民生活上ノ需用ヲ充タサシムル為 相当ノ便法ヲ設《もう》クルカ 或ハ山林ノ行政上此《こ》ノ如キ便法ヲ設クルコトヲ許サストセハ 寧《むし》ロ杣山ヲモ挙《あ》ケテ［すべて］間切ノ所有ニ属セシムルカ 二者其一ニ［二つの内いずれかに］居《お》ラサルヘカラサルヘシ」。

「第四に、一九〇六年（明治三九）の公文書に次の記述もある。／杣山ノ使用収益ハ全ク地元ノ間切島又ハ村ニ属シ来リシモノナレハ 純然タル国有ト為シ 処分ヲ了《りょう》シ［終了し］得《う》ヘキモノニアラス 故ニ土地整理処分後ト雖《いえど》モ 沖縄県知事ハ依然旧慣ニ依リ杣山ノ産物ヲ無代価ニテ 地元ノ区 間切島村及其ノ住民ニ採取ヲ許シ来リシ……」（「杣山特別処分ニ関スル件」）。

「第五に、親泊の根拠にしている謝花昇らの『沖縄時論』そのものが、次のように述べている。／……沖縄の山林は目下処分中に属するものにして 従来の慣行に因り取扱ひつゝ有之候《これあり》（同上誌、第卅四号）」。

これらにより、杣山は県の説明のとおり「官地民木」となったと考えられる。親泊は、官有地にされたから「一木一草をどうすることも出来なくされてしまった」と述べているが、民利用の制限は当初からなされなかったと考えられる。

先送りされていた杣山処分

私は『〈旧版〉沖縄県史』1・通史で次のように述べた。

「親泊康永の記述のなかで、次に問題にしたいのは、いったん官有とされた杣山の払い下げに関してである。第一は、一九〇三年（明治三六）一〇月に終了した土地整理事業においては、山林の処分は実質的には留保され、後の課題とされたということである。／

まず、その根拠の第一は、……『沖縄時論』の文章も〈沖縄の山林は目下処分中に属するものにして〉と述べており、そのうえで、今後の処理において官有にすることのないように主張したものである。／根拠の第二、……〈一木書記官取調書〉は次のように述べている。／沖縄県ノ山林保護ノ制度ハ 其方法巧妙周到 今ニ至ル迄 県民ノ依《より》テ以《もっ》テ生《せい》ヲ聊《いささ》カスル［どうにか生きている］所ナレハ 今徒《いたずら》ニ条章ノ末ニ拘泥《こうでい》シテ 此制度ヲ害《そこな》フニ忍ヒス……／前陳《ぜんちん》ノ［前に陳《の》べた］困難アルヲ以テ 土地ノ制度ハ直ニ之ヲ改正スルモ 山林ノ所属ハ 且ツ之ヲ一般山林制度改正ノ後ニ譲ルヲ得策ト認ム」。／根拠の第三。政府の側には 財政負担と労力がばかにならぬという認識もあった。「杣山ノ産物採取ハ 常ニ頻繁《ひんぱん》ヲ極メ 永遠［これからずっと］其ノ土地ヲ国有トシテ保存スルニ於テハ 官民尠《すくな》カラサル手数ヲ要シ 収支相償《つぐな》ハサルノ虞《おそれ》アル……」（『杣山特別処分ニ関スル件』）。／次の一係官の説明も、根拠の一つに加えてよいであろう［引用略］」。

「ともあれ、杣山は土地整理事業の時点で〈官有〉とされながら、その一部は、一九〇六年（明治三九）七月二五日勅令第百九十一号〈沖縄県杣山特別処分規則〉の第一条によって〈沖縄県下之国有林野ニシテ 国土保全上又ハ経営上 国有トシテ保存スルノ必要ナキモノハ 左ノ場合ニ限リ 随意契約ヲ以テ売払ヲ為スコトヲ得《う》〉（『杣山特別処分ニ関スル件』）として払い下げられた。これは一九〇八（明治四一）年までかかって実行された。〈左ノ場合〉とは〈国有林野ヲ其ノ造林保護ヲ為シタル区、間切、島又ハ村ニ売払フトキ〉と〈土地整理以前ニ開墾又ハ牧畜ノ為 貸付シタル国有林野ヲ 其ノ事業ニ成功シタル者ニ売払フトキ〉である。後者は、奈良原知事の杣山開墾政策によって、

表 9-1　山林の所有区分の変化

	明治 36 年（1903 年）	大正 2 年（1913 年）	増　減
官有	9 万 2000 町歩	4 万 1000 町歩	5 万 1000 町歩の減
公有	5500 町歩	5 万 8200 町歩	5 万 2700 町歩の増
県有		5100 町歩	
市町村有		4 万 8000 町歩	
其他団体有（字有？）		5100 町歩	

（注）社寺有と私有は略した。
（出典）『沖縄県統計書』により、概数で示した。

土地を手に入れた〈富裕なる貴族〉の特権を追認したものと思われる」。

土地整理以後の所有区分を数値で示すと、次のようになる。「官有」（国有）は半分以下に減っている。何が増えたか。その分は「公有」とりわけ「市町村有」に移行している（表9－1）。

杣山の払下げとその代金

次に、いったん官有とされた杣山が、その後に払い下げられたことについての親泊説を検討する。親泊は次のように述べている。「かくて杣山は官有となったのであるが、官有に決定されると農民は早速困ってしまったのである。……農民は仕方がないので、薪炭のため必要な山林を各間切において払い下げる［払下げを受ける］ことになった。莫大な払下金が徴収されたのは言うまでもない。各間切が払い下げた［払下げを受けた］杣山の代金は一九〇六（明治三九）年より三〇か年賦をもって納付することになったが、その各間切の納付高は次のとおりである。（略。二四間切の合計は「八万三七五二円」となっている——来間）。この巨大なる負担が長年にわたって沖縄の農村を萎縮《いしゅく》せしめたことはいうまでもないところである」。

私の指摘は次のとおりである。「杣山の払下げ問題に関して、第二に親泊康永の説を批判しなければならないのは、払下げ代金のことである。もともと農民自らの立場からすれば一銭たりとも払う必要はない。しかし、親泊のいうように、その額が〈莫大《ばくだい》〉で、〈永年にわたって沖縄の農村を萎縮《いしゅく》せしめた〉かどうかは別問題である。先の勅令一九一号の第一条後段の規定によって、その代金の〈一五箇年以内年賦延納ヲ許可スルコトヲ得〉とされ、つまり分割払いが認められ、後に一九一四（大正三）年六月一七日づけの〔沖縄県国有林野売払代金年賦延納期間延長ノ件〕によって〈「一五箇年」ヲ「三〇箇年」ニ改ム〉と規定され、三〇年分割払いに改められた。総額を、親泊康永じしんの示している八万三五九二円によって一年あたりの金額を計算すれば、一五年払の場合五五八三円、三〇年払の場合二七九二円になる。これは、明治三九年の地租四九万二一六七円に比べて、一・一％あるいは〇・六％にしかならず、〈莫大〉は誇張しすぎであることがわかる。／したがって、杣山官有問題とその払下げ問題を親泊康永によって論じてきたこれまでの多くの研究ないし叙述は、修正されなければなるまい」。

私は今、「これまでの……」と述べたが、その後も次のような記述がみられる。

その後の杣山処分論

西里《にしざと》喜《き》行《こう》は、『〈新版〉沖縄県の歴史』（共著、山川出版社、二〇〇四年）の中で土地整理事業を扱ったが、この事業に関連して「大きな争点となったのは杣山処分問題と浮掛《うきがけ》地《ち》問題であった」とはいうものの、「前者〔杣山処分問題―来間〕については杣山民有論の謝花らと官有論の政府＝県当局が対立し、土地整理法には官有と規定されたものの、国有化への根強い抵抗によって、一旦国有林野に編入されたが、大半は最終的には民有林となる」と述べている。西里は、謝花らと国／県の「対立」といい、親泊／大里の論を引き継いでいる。また、「根強い抵抗」によって払い下げられたとの、根拠なしの叙述もある。

それでもこれは、私の指摘を考慮してのものであろう。私は、謝花らは杣山について「民地民木論」を主張したかにも疑問を呈したが、西里はそれには触れない。西里は、私の人頭税論（なかった論）への対応と同様に、私の論述を示すことさえしない。

なお、『沖縄県の百年』（共著、山川出版社、二〇〇五年）で、この部分を担当した秋山勝《あきやままさる》は、「参考文献」に、大里康永『沖縄の自由民権運動――先駆者謝花昇の思想と行動』（太平出版社、一九六九年）を挙げ、ほぼその説に従っているが、謝花の運動を「激烈な言葉」で称揚する形にはなっていない。特に、「官有地にされたから〈一木一草をどうすることも出来なくされてしまった〉」かという問題、そして「杣山の払下げ代金」が「莫大《ばくだい》」で、「永年にわたって沖縄の農村を萎縮《いしゅく》せしめた」という問題には触れていない。

先の西里も、この秋山も、私の議論を意識しての対応であろうが、そのことをさえ示さない。

その後の国有林管理

その後の国有林野の管理であるが、すべて鹿児島大林区署《だいりんくしょ》の管轄になり、その下に沖縄小林区署《しょうりんくしょ》が開庁されて、その事務を取扱い、一九〇九（明治四二）年三月、勅令第三二号をもって、県は大林区署長と契約し、「明治四二年六月三〇日より同八〇ケ年」の間、国頭郡の四五〇〇町歩を「無償借受」することになった（真境名安興《まじきなあんこう》『沖縄現代史』琉球新報社、一九六七年）。

さらに、その「八〇年」後が一九八九（昭和六四）年にやってきたが、この関係はそのまま延長された。これを「勅令貸付国有林」といい、「国頭村、東村、名護市に分散し、面積は四四一〇・六haであるが、このうち、国頭村の五八四・五ha及び名護市の一九三・五haは軍用地として接収されて」いる（沖縄県農林水産部『沖縄の森林・林業』平成一四年版）。

この一帯の軍用地は「北部訓練場」と呼ばれているが、その面積（勅令貸付国有林ではなく）は、その後二〇一六年一二月に四一六六haが返還されたため、現在は三六五九haだけが残っている。

第10話
「旧慣」の改変——沖縄県土地整理事業

明治政府は、琉球王国／琉球藩を廃して沖縄県を置いた後も、「旧慣」、すなわち琉球近世の社会のあり方に手をつけない方針を取っていた。そのうちの土地制度と租税制度を基本的に改変したのが「沖縄県土地整理事業」である。また、前後して、地方制度の改変もなされていった。

この事業によって、沖縄は日本近代と同様の社会になったのであるが、形からそうされても、内容が（内側から）対応できたのではない。或る意味で、二一世紀の今日でも、同様だと思われる。それは、個々の家族の、経済体としての「自立」を迫るものであった。内的条件／力量が伴っていないのに、「自立」が迫られることは、「新時代への出発」というような、前向きの評価にはふさわしくなく、「新時代に対応せよ」と強要されたようなものであった。

私は、この事業については、沖縄県教育委員会編『〔旧版〕沖縄県史』1・通史（一九七六年）の中で執筆したことがあるが、それを引き継ぎつつも、その後の学習を踏まえて、ここではその修正版を提示することにする。

土地整理事業

法の制定　「沖縄県土地整理法」が、一八九九（明治三二）年三月、日本の国会で審議・議決されて公布され、四月に施行された。「沖縄県」の名を冠した特別法である。これによって沖縄県土地整理事業が着手され、一九〇三（明治三六）年一〇月に終了した。沖縄は、二〇世紀の入り口で、ようやく「近世」を脱却したのである。

しかしそれは、外から「近代」を押しつけられたということであって、沖縄社会の内実が「近代」という社会に対応できるかどうかは、別のことであった。

事業の実施　この事業の実施にあたっては、沖縄県庁内に「臨時沖縄県土地整理事務局」を設け、奈良原《ならはら》繁《しげる》沖縄県知事に事務局長官を兼任させ、中央からの官僚三名を事務官として配置した。

この事業は、一区画ごとの土地の面積を測り、地図を作り、その所有者を決めるものである。それには「近代測量」の方法が採用され、のちの台湾・朝鮮の、同様の事業の実験台となった。測量にあたる陣容は、あらかじめ訓練を受けた。

事業の目的　この事業の目的は「沖縄県ニ於ケル旧慣土地及《および》租税ノ制度ヲ改正シ、土地ノ所有権ヲ確認シテ、権利ノ安固《あんこ》ヲ与へ［しっかりと安定させ］、地価ヲ査定シテ、地租条例及《および》国税徴収法ヲ布《し》キ、之《これ》ヲ帝国同一ノ制度ノ下《もと》ニ統属《とうぞく》スル［統制のもとに属させる］」（「法」第一条）こととしている。

すなわち、第一に、土地の所有権を与えること。第二に、それぞれの土地の地価を評価して、それに基づく地租を、現金で徴収できるようにすること、である。

その背景と要因については、第一に政治情勢が変化したこと、第二に滞納が増加していて、その処理／対策が避けられなかったことが指摘できる。

事業の背景と要因

第一。そもそも、なぜ旧慣が存続されていたのかといえば、「琉球処分」に反発する勢力があったという県内政治情勢のためであり、あえて急ぐ必要／理由がなかったからであるが、その状況に大きな変化が生まれた。琉球処分後は、清《しん》国に頼って、復藩［琉球王国ないし琉球藩への復帰］を企てる人びとが出た。彼らの中からは脱清人《だっしんにん》といって、清国に脱出し、その助力を求める者も出たが、厳重な取締りにあった。まず、そのような旧支配層（の一部）が方向転換をした。清《しん》国への期待を捨てきれなかった旧支配層が、日清戦争における日本の勝利によって、日本的体制へ従う方向に傾いてきたこと、および公同会運動の挫折《ざせつ》（一八九七＝明治三〇年）を主な画期《かっき》とする（第8話）。

第二。旧慣租税制度の下でぼう大な「怠納《たいのう》」（滞納）が発生していながら、納税の単位が個人（世帯）ではなく、団体（近世期には「間切」、明治以降はその小区分である「村」）であったので、これに強制力を発動することができなかったのである。この租税制度が変われば、いわゆる「自由民権運動」の要求する参政権も与えることができるようになる。

そもそも、明治政府は、沖縄の旧慣諸制度をいつまでも残しておくつもりはなく、いずれは改変しようとしていたのであり、それは当初からの課題であったのであり、ここに来て、その条件が満たされてきたのである。

事業の結果と評価

この「土地整理事業」の結果を見よう。

土地所有権の付与

第一の内容である土地所有権の付与という点では、次の諸点が特徴になっている。①「旧慣」としての地割制度のもとで配当を受け、その土地を使用し、そこから収益を得ていた者に所有権が与えられた。つまり、土地の所有者は、その時点で地割配当を受けていた者がなるのが原則であった。②ただし、その地割制度は地域によって多様であったし、時代による変遷を経ていたが、その変容しつつあった側面をそのまま認めた。③ぼう大な面積を占める杣山《そまやま》については、この時点では官有地とした（第9話）。

地価の査定と地租の徴収

土地整理事業の第二の内容は、地価の査定である。それは次の順序でなされた。①収穫の調査、②土地の地位等級の詮定《せんてい》（選定）、③地押《じおし》調査（面積の測量）、④地価の査定。こうして査定された地価を基準に「地租」が現金で徴収されることになった。

地租の徴収は、「地租条例」と「国税徴収法」を沖縄にも適用したことによるが、「事業」が早く終わった先島（宮古・八重山）は一九〇二年、沖縄本島地域はその翌年である。

その特徴としては、次のことがあげられよう。①全体として県民の租税負担は軽減されず、国庫収入が維持された。②しかし、地域間・階層間において増減があった。

政府のまとめた『沖縄県土地整理紀要』（明治三六年。『〔旧版〕沖縄県史』21・旧慣調査資料、一九六八年）は「農民負担額新旧比較表」を掲げて、全体として平均五％の減になることを示しているが、「旧」の負担額の根拠が曖昧であり、そのまま信じることはできない。つまり、「減」を強調するのではなく、①のように、「現状維持」と評価すべきであろう。また、②地域間・階層間において増減があったということについては、仮にこの『紀要』によって地区別の増減をみるとすればという条件つきなのであるが、もともと負担ゼロに近かった二つの区の場合、那覇区は二万九〇〇〇円（二九一％）の増、首里区は二万円（二〇四％）の増であるのに対し、他の五郡はすべて減になっている。それは、農民層における一定の負担減を意味するものと思われる。

事業の結果

事業の結果を表にまとめると、表10－1・2のようになる（次頁）。

生産力と地価の対応

次に、生産力（ここでは「単位面積当たりの収量」でみる）の水準と、地価との対応関係をみてみよう（表10－3）。田の「反当玄米収量」は、宮崎県と鹿児島県を一〇〇として、沖縄県は三五しかない。それに対応して、田の「反当地価」は四八となっている。十分とはいえないものの、生産力格差を考慮したものと言っていいだろう。一方、畑の地価は、宮

表 10-1　「事業」による官・民有別地目別土地面積概数表

（単位：町、%）

	民有地 A　（町）		官有地 B（町）	計 A + B（町）	B ／ A+B（%）
	有　租	無　租			
田	8,954	-	-	8,954	-
畑	54,585	-	-	54,585	-
耕地計	63,540	-	-	63,540	-
宅地	3,984	-	-	3,984	-
山林	13,502	-	92,475	105,977	87.3
牧場	6,076	-	-	6,076	-
原野	23,704	-	6,815	30,519	22.3
その他	370	1,741	67	1,808	3.4
計	112,900		99,364	212,285	46.6
（%）	53.2		46.8	100.0	

（出典）田港朝昭《たみなとともあき》「土地整理事業」（『〔旧版〕沖縄県史　第 3 巻　経済』1972 年）を基に補正した。

（原典）『沖縄県土地整理紀要』

表 10-2　民有有租地の内訳

（単位：町、%）

	島尻郡	中頭郡	国頭郡	宮古郡	八重山郡
田	2,199（8.3）	1,576（7.2）	2,666（10.0）	336（1.7）	2,177（12.8）
畑	12,807（48.3）	13,949（64.0）	11,591（43.3）	12,317（61.6）	3,921（23.0）
耕地計	15,006（56.6）	15,525（71.2）	14,257（53.6）	12,653（63.3）	6,098（35.8）
宅地	2,296（8.7）	1,182（5.4）	776（2.9）	445（2.2）	240（1.4）
山林	3,733（14.1）	2,876（13.2）	5,650（21.1）	419（2.1）	825（4.8）
牧場	-	-	-	473（2.4）	5,604（32.9）
原野	5,332（20.1）	2,111（9.7）	6,002（22.4）	5,990（29.9）	4,269（25.0）
その他	151（0.6）	103（0.5）	82（0.3）	23（0.1）	13（0.1）
計	26,518 （100.0）	21,797 （100.0）	26,767 （100.0）	20,003 （100.0）	17,049 （100.0）

（出典）（原典）は表 10-1 に同じ。

表 10-3　法定反当地価比較表　　（単位：地価は円、収量は石）

	田				畑	
	反当地価	指数	反当玄米収量	指数	反当地価	指数
全国	35.46	131	1.817	97	9.45	210
熊本県	36.58	135	1.918	103	7.78	173
大分県	33.55	124	1.838	99	8.90	197
宮崎県	27.03	100	1.865	100	4.51	100
鹿児島県	25.07	93	1.865	100	4.51	100
沖縄県	13.81	48	0.646	35	11.67	223
那覇区	21.63	75	0.702	38	29.59	566
首里区	-	-	-	-	26.43	505
島尻郡	17.36	60	0.759	41	15.76	301
中頭郡	18.90	65	0.524	28	18.32	350
国頭郡	15.93	55	0.800	43	7.92	151
宮古郡	6.75	23	0.344	18	5.48	105
八重山郡	5.04	17	0.512	27	4.69	90

（出典）中江淳一《なかえじゅんいち》「戦前沖縄における農業土地問題」（『土地制度史学』第 63 号、1974 年）を基に補正した。
（原注）略

崎県と鹿児島県を一〇〇として、沖縄県は二二三となっている。ここには畑の「反当収量」が示されていない（畑作物は多様なので、示すことはできない）のであるが、宮崎・鹿児島の二・二倍というのは、いかにも「不当」だと思われる。

なお、全国的に地租は地価の一〇〇分の三・〇（三・〇％）だったのが、一八九八（明治三一）年から三・三（三・三％）に引き上げられていたときに、沖縄は一〇〇分の二・五（二・五％）という低い税率で賦課した。つまり、地価は高めに設定しつつ、それに掛ける地租率は低く設定したということになる。

滞納租税の免除

そして、滞納されていた租税は、次の経過を経て免除された。まず、一九〇四（明治三七）年三月、「沖縄県滞納旧租延納法」を定めて、「事業」前に六〇万円余にのぼっていた国税滞納額の延納を認めた。「沖縄県ニ於ケル明治三五年［土地整理事業］以前ノ地租ニシテ、非常特別税法施行ノ際 滞納ニ係《かか》ルモノハ、同法施行中其ノ徴収ヲ為《な》サス、前項ノ地租ハ非常特別税法廃止ノ年ノ翌年ヨリ一〇年間ニ平分《へいぶん》シテ［平均に分けて］之ヲ徴収ス」。

さらに、一九一〇年三月、「沖縄県ニ於ケル旧租免除ニ関スル法律」を定めて、その全部を免除した。「沖縄県ニ於ケル旧慣ニ依《よ》ル地租ニシテ、未《いま》タ《だ》徴収セサルモノハ之ヲ免除ス。明治三七年法律第一三号［前出「延納法」］ハ之ヲ廃止ス」。

土地整理事業の歴史的意義

この土地整理事業は、沖縄の社会と人びとに何をもたらしたのだろうか。

その第一は、土地にたいする私的所有権、近代的土地所有権が付与されたということである。人びとは、歴史上初めて土地の所有者となった。これからは、その土地を自らの才覚で経営していくことができるようになったのである。しかし、そのような経験――自分の土地を自分で利用し、自給するだけでなく、生産物を販売して、収支を償う経験――は乏しかった。そこに、新しい苦難が立ちはだかっていた。

その第二は、それまで租税が間切や村に対して課されていたのを改め、土地所有者個々人（世帯）に納めさせることとなったことである。それまで自給自足の生産／生活を基本としつつ、時に地方役人から「租税に相当する労働」の指示を受けていた、つまり、管理され、「自立」していなかった個々の百姓家族は、地方役人の管理がなくなり、納税主体になった。

こうして、人びとの生き方は、大きく転換することが求められた。いわば「自立」を強制されることになったのである。これからは、「自立」した個として、商品・貨幣経済、市場経済の波に洗われていくことになるのである。

仲原善忠《なかはらぜんちゅう》は「土地整理以降、自由経済となり、完全に日本の国民経済の一環になったと申してよいと考えます」と、正しく述べている（「沖縄現代産業・経済史」一九五二年）。こうして、資本主義としての日本経済（それを通して世界経済）の運動が、沖縄県の社会・経済をほんろうしていくことになる。

その第三は、経済のみならず、行政の全般にわたって「帝国同一ノ制度ノ下ニ統属スル」基礎が築かれたということである。その一部は土地整理事業の終了以前に実施されていたが、関連の中で見るべきである。具体的には次のとおりである。

地方制度の改革と徴兵令

関連して、地方制度の改革も進められた。その一部は事業の前に、他の一部は事業の後に。

二区五郡　①一八九六（明治二九）年、勅令第一三号「沖縄県区制」を公布・施行。それまでの八区域を、島尻・中頭・国頭・宮古・八重山の五郡と、那覇・首里の二区とした。久米島と、従来那覇の管轄下にあった離島は、すべて島尻郡に編入された。同年、勅令第一四号で、島尻・中頭・国頭の三郡に「郡長」を、宮古・八重山の二郡には「島司」を、那覇・首里の二区には「区長」を置くとした。

番所は役場に　②一八九七（明治三〇）年、勅令第五六号で「沖縄県間切島吏員規程」を公布・施行。間切に「間切長」一名、「収入役」一名を置く。間切内の村に「村頭《そんとう》」一名を置く。島（粟国・渡名喜・伊平屋・硫黄鳥島・伊江の各島）に「島長」、「収入役」を置く。宮古郡・八重山郡はそれぞれ「間切」とみなす。うち与那国島は一つの「村」とみなす。間切番所・島番所は「間切役場」「島役場」になり、地頭代以下の地方役人（頭《かしら》・与人《よひと》［ユンチュ］・首里大屋子《おおやこ》［スイ・ウフヤク］・大目差《おおめざし》・大筆者《おおひっしゃ》など）は廃止された。

徴兵令　③一八九八（明治三一）年、勅令二五八号「徴兵令施行の件」（小笠原とともに）を公布・施行。「明治三一年一月一日より、沖縄県及東京府下小笠原島に徴兵令を施行」する。

間切・島から町村へ

④一八九九（明治三二）年、勅令第三五二号「沖縄県間切島規程」を施行（公布は前年）。間切・島は法人となり、「間切会」・「島会」が設けられた。

⑤一九〇八（明治四一）年、勅令第四五号「沖縄県間切・島の分合および名称変更に関する件」を施行（公布は前年）、間切・島が町村に、村が字に変更された。間切役場・島役場は町村役場に、間切会・島会は町村会となった。

⑥同年、勅令第四六号「沖縄県及島嶼町村制」を施行（公布は前年）。間切長・島長・村頭は「町村長」・「区長」に変更され、町村には「収入役」も置かれた。町村会議員は選挙制となり、選挙権は満二五歳以上の男子で戸主、二年以上の在住者、その町村内で直接国税を納める者に与えられ、これらがそのまま被選挙権ももつこと、議員は名誉職で、任期は四年であることなどである。「名誉職」とは、ほかに本業を持つことができ、俸給を支給されない職のこと。

なお、この「沖縄県及島嶼町村制」は、一九二〇（大正九）年六月に改正された。これは、その二年前の八月、「長崎県対馬《つしま》ノ国、島根県隠岐《おき》ノ国ニ於ケル町村制度ニ関スル件」において、表記の対馬・隠岐の町村については、「町村制」とそれに付随する命令によるとしていたが、この年三月、その改正が行われて、鹿児島県大島郡の町村と沖縄県の町村も同様の扱いとなったため、つまり本法と同一の規定になったため、法律の名称から「沖縄県及」を削り、単に「島嶼町村制」とし、条文中にあった沖縄県の町村に関する規定をすべて削除したものである。

区制の改正　⑦同年、勅令第四三号「沖縄県区制」改正。首里・那覇の区長は、官僚である郡長の兼任から、区会の推薦する三名の候補者の中から内務大臣が任命することになった。また区会の権限が拡大された。

国政参加権の獲得と沖縄県会の発足

衆議院議員選挙法の施行　「土地整理事業」進行中の一九〇〇（明治三三）年に、衆議院で沖縄県に国政参加権を認める「衆議院議員選挙法中改正法律案」が議決されていたが、その実際の施行は勅令待ちであった。その勅令が一九一二（明治四五）年、「沖縄県ニ衆議院議員選挙法施行ノ件」として公布・施行された。那覇・首里・島尻・中頭・国頭の二区三郡を一選挙区とし、議員定員は二名であった。特例として、宮古・八重山郡は除外された。この特例がとれてこの両郡にも施行されたのは、一九一九（大正八）年である。

「事業」によって、金納地租を個別に納める体制となって、選挙権のあるなしが個人別に判断できるようになり、選挙権が与えられた。謝花民権運動の目指した、その結果が出たのである。それでも、衆議院議員の選挙権は、直接国税の一定金額（当初は一五円、このころは一〇円）以上の納税者、それも二五歳以上の男子に限って認められたにすぎなかった。その有権者の割合は、全国的には人口の一％程度から始まったのである。

選挙権が認められたからといって、自治の時代が到来したのではない。それは、大きく制限されたものであった。

沖縄県会の発足

一九〇九（明治四二）年、勅令「府県制施行ニ関スル特例ノ件」が公布・施行され、沖縄にも「県会」が設置された（「県議会」ではない）。特例として、県会議員選挙区は郡・区・島嶼の区域による、その選挙は町村会議員・区会議員がおこなう、とある。他府県では、直接国税三円以上の納税者など、一定の条件のもとに、それなりに広く選挙権が与えられたが、沖縄県では町村会議員（郡・島嶼）、区会議員（区）による間接選挙であった。

こうして、沖縄県にも「府県制」が施行された。それまで、沖縄県の予算は、中央の省庁が編成し、国庫の「地方費」として執行されてきた。このあと、県が独自に予算を編成することになり、県会の承認が求められていく（なお、しばらくは県にたいして「国庫補助金」が支出された）。

県会の権限はいかにも弱かった。沖縄の県会には「県参事会」は置かれず、その役割は知事が果たすという。

県知事は中央政府から派遣された内務官僚であり、県会はその知事に対して無力であり、「自治」の実質はないのである。太田朝敷は、その著書『沖縄県政五〇年』（一九三二年）の中で、いみじくも、県庁を「内務省の出張所」だと述べている。

初の県会議員選挙

一九〇九（明治四二）年五月に、県会議員選挙が初めて行われた。しかし、選挙人は町村会議員と区会議員だけであるから、総数は七〇三票である。これが那覇区三、首里区二、島尻郡八、中頭郡八、国頭郡六、宮古郡二、八重山郡一の議席に向けて、それぞれの区域ごとに投票した。一票で当選した者もいる。

第一回県会　第一回県会（臨時）は、同年六月に開催された。日比重明《ひびしげあき》知事は、まず冒頭で「開会の辞」を述べ、予算案（明治四二年度追加更正予算）を提案した。次いで議長と副議長の選挙が行われ、高嶺朝教《たかみねちょうきょう》（首里区）と玉那覇《たまなは》重善《じゅうぜん》（中頭郡）が選出された。そして、「県会参与人」として、県の部課長らが任命された。さらに「沖縄県会規則」「沖縄県会議傍聴人取締規則」が可決された。質疑は予算案をめぐって展開されたが、総額二三万円余の提案に対し、九千円余を削減して、二二万余円で可決された（実際の予算は、知事が「専決処分」できる九万余円があり、合わせて総額は三三万七千円となった）。他に、三つの「建議案」が提出され、それぞれ可決された。七日間で「閉会式」となり、日比知事の「閉会の辞」、高嶺議長の「答辞」があった。

この項は、来間「戦時体制下の沖縄県会」（沖縄県議会編『沖縄県議会史』第一巻・通史編1、二〇一二年）を要約したものである。

特別県政の解除　こうして、新しい沖縄県が発足し、「特別県政」から「普通の県政」に進んでいったのである。琉球処分で「沖縄県」になってはいたが、なお旧慣の地方制度が残っており、その意味では「日本的体制」と同じではなかった。それが以上のように改変されたのである。七月には、奥武山《おうのやま》公園の広場で「県政施行祝賀会」が、多くの見物人を含めて開催された。

租税制度の変化とその影響

ここで、租税制度の変化とその影響について、よりくわしくみておこう。

「旧慣」の租税は、沖縄本島地域では砂糖が主体で、先島では織物が主体だった。しかし、それは個々の人びとがそれぞれに生産して、その中から上納するのではない。納税の主体は個々人ではなく間切・村という団体（以下「村」という）であった。そこで、地域の役人（地方《じかた》役人）が人びとを指揮して、生産に従事させ、その成果を上納する。人びとの負担していた租税は、実際は砂糖や織物ではなく、それを生産する「労働」だったのである。

「事業」によって、先島のいわゆる「人頭税」が「廃止」された。そのことの意味は、人口を基準に、村単位に懸《か》けられていた租税が、土地を基準に、個人単位に懸けられるようになったということである。

商品生産始まる

そうはいっても、明治に入ると、租税としての砂糖・織物の生産を上回る生産が行われるようになっていた。それは、依然として村のものであり、その売価は村に入る。「個人による商品生産」ではなく、「村による商品生産」がすでに始まっていたのである。

「沖縄県旧慣租税制度」という調査書によれば、砂糖は、明治二十年代に五六％が商品として生産されていた。一方、織物については、例の一木書記官が、次のように述べている。「明治二六年宮古島ニ於ケル紺細上布《こんほそじょうふ》ノ産額二一九六反ニシテ内九六〇反ハ士族ノ子女ガ随意ニ織立《おりた》ツル所ノ売布ナリ」。「売布」つまり商品としての生産が四四%を占めていたのである。このように、商品生産は始まっていた。

強制される「自立」

　こうして、「自立」が強制される社会が到来した。それはまず、特定の分野では、琉球処分によって王国／藩がなくなることによって始まっていた。王府の、いわば「公務員」のような形で、漆器や金具などの工芸品を生産していた人たちは、放り出されて「自立」することを迫られた。「作る」ことはできても、自分で「売る」ことは経験がなかったが、もがくしかない。泡盛は、原料の米を王府が醸造者に提供して製品を納入させる、いわば王府による注文生産であったが、原料の調達から製品の販売までも、それぞれの業者の責任に移った（原料については、いろいろと模索が続いたが、大正期の終わりには「東南アジア産の砕米《さいまい》」に落ち着き、現代に至る）。さらに、王府の要請にこたえて、中国からの冊封使たちをもてなしたりしていた芸能者たちも、「自立」を迫られた。簡易な劇場を造り、見物料をとって興行するようになった。芸能が庶民の身近なものになっていく過程で、組踊や古典舞踊から、歌劇や方言セリフ劇、そして雑踊《ぞうおどり》が生まれ、テンポも早くなった（大城立裕《おおしろたつひろ》「文化の動向」、『〈旧版〉沖縄県史』１・総説、一九七六年）。

　そのような流れが土地整理事業によって、農民たちにも「強制」されることとなったのである。

　モノ作り、つまり生産はそれなりにできる。しかし、販売は難しい。それまで沖縄には商品がほぼなかったし、商人はいなかったし、販売の経験がなかった（農漁民が道端で莚《むしろ》を拡げて、笊《ざる》などで売るようなことはあった)。そこで、販売には商人が、当初は「寄留商人」といわれる鹿児島商人らが関わることが多かった。壺屋焼(陶器)にも寄留商人が入り、異国風のデザインのもの(「琉球古典焼」という)を作らせ、販売を引き受けた。

こうして、沖縄の社会も、いよいよ商品・貨幣経済に、資本主義経済に組み込まれ始めたのであるが、それは荒波にもまれていくことを意味した。沖縄の内から組み入っていくのではなく、外から組み込まれていくのである。

ウェーキ＝シカマ関係

大多数(九割ほど)を占めていた農民たちは、土地整理事業を経て、地方役人《じかた》に管理されて、村の貢納物(砂糖や織物など)の生産に従事することはなくなり、それぞれが自分の責任でモノを生産し、それを消費し、一部を販売して生きていくことになった。しかしかれらは、農地の所有権は与えられたものの、農地の所有面積は小さく、農業で生きていくのが難しい人たちが半数くらいもあった。自給自足の生活ですめばいいが、新たに税金(地租)や教育費のため、現金を稼がなければならない。そこで生まれたのが「ウェーキ＝シカマ関係」であった(もう一つ、移民と出稼ぎがあるが、それにはここでは触れない)。

「ウェーキ」とは、「ウェーキン人《チュ》」などとして今も使われているが、「金持ち」「財産家」のことである。これには、かつての地方《じかた》役人から横滑りするように、引続き農村のリーダーとなった人が多かった。土地持ちであるウェーキは、自らの経営のために人びとを働かせる。借金の利子や借地の小作料の代わりに、ウェーキのもとで働くことをシカマ(スカマ)、そのように働く人びとのこと

図 10-1　琉球近世における租税納入

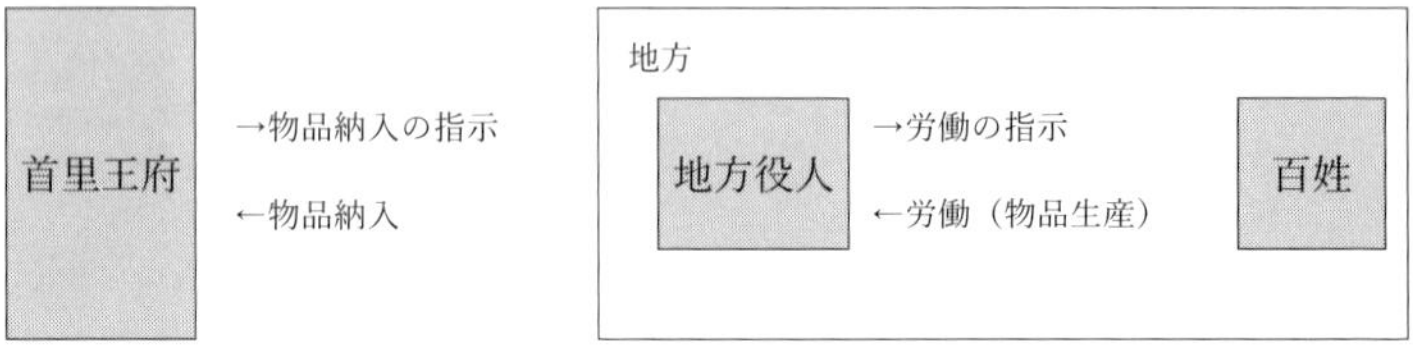

図 10-2　沖縄近代におけるウェーキ＝シカマ関係と租税金納

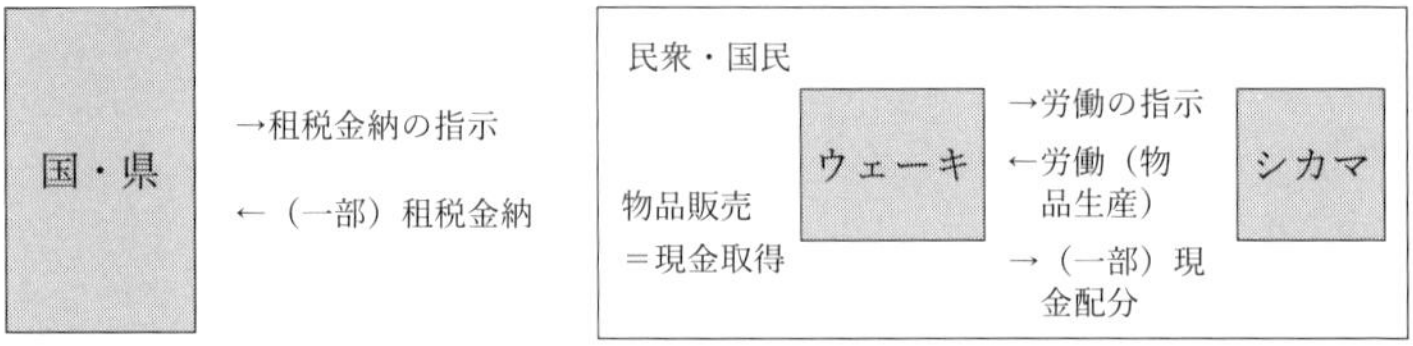

をシカマーといったのである。われわれの聴き取り調査に対して、明治の後半から生きたある人は「土地の人びとは皆がシカマーだった」と証言してくれた。

　シカマという語には、地域により多様な意味があったが、多くは労働と対応していると考えられ、「朝早く」とか「夕方遅く」とかの、労働に関わる時間（帯）を指す場合が多い。この語は今ではほぼ死語となった（伊平屋や宮古・石垣には残っている）。

　このあり方は、近世の姿と大きな変化はない。つまり、地方役人の指揮にしたがって労働していたのと、ほぼ同様なのである。だから、そのかぎり、これらの人びとにとって、土地整理事業は大きな変化とはならなかった。事業そのものは、社会のあり方の大きな改変なのであるが、かつての「租税としての労働負担」が、「シカマとしての労働負担」に変わっただけと言っていい。

イリチリ

シカマとは別に、「イリチリ」（イリチリー）といわれるものがあった。これは「入《はい》り切り」すなわち住み込みの若年者で、借金のかた（抵当）に預けられた人びとである。「身売り人」ともいわれるが、借金を返したり成人になれば、自由の身となった。それでもその境遇は惨めで、その仕事の名をとって「草刈り人」（クサカヤー）、「雑色人」（ゾーシカー。女中）など、あるいは「奴」（ンザ、ンジャ）などと陰口をたたかれた。

ウェーキで、規模の大きなものは、イリチリを抱えていた。

このような、シカマを使い、イリチリを抱えたウェーキは各地にあって、その規模には大小があった。沖縄県レベルで名の知られた「三大ウェーキ」とされているのは、北部・羽地《はねじ》の「源河《げんか》ウェーキ」、中部・浦添《うらそえ》の「城間名嘉《ぐすくまなーか》」、南部・玉城《たまぐすく》の「冨名腰《ふなこし》ウェーキ」であり、それぞれその子孫が現在もその地に生活を続けている。

イリチリと同様の境遇のものに、漁村糸満に売られる「糸満売り《イチュマンウイ》」、遊郭に売られる「尾類《ジュリ》」（遊女・娼妓《しょうぎ》）があった。

近世末の琉球では、借金が嵩《かさ》んで身売りが増えたと論じられている。しかし、そのようなことはなかったであろう。当時の借金は村に生ずるのであって（貯えも村に生じる）、個々人には生じなかったからである（前著『琉球近世の社会のかたち』第10話参照）。

おわりに

私の研究者としての出発は「農業経済学」である。これは、農業に関する社会科学的な分野を扱うもので、農業法学、農政学、農業経営学、農業市場学、農業統計学、農業会計学、農業史学などを含んでいる。

私は、そのなかでも、農政学や農業史学を中心に取り組んできた。それを活用して、沖縄農業を考えてきた。私の最初の著作は『沖縄の農業——歴史のなかで考える』である（日本経済評論社、一九七九年）。

ここを出発点にして、前後左右に対象が拡大していった。農業という産業は、経済の一分野であるので、当然に沖縄経済が対象に加わってきた。そして、農業や経済を「最新の局面」でみるだけでなく、歴史的にみることも求められる。その歴史研究も、当初は二次大戦後、沖縄がまだアメリカ軍の占領統治下にあったときから始まったが、それが日本に復帰し、新たな展開を見せることとなり、それを追いかけた。一方で、時代を遡って、戦前昭和期、大正期、明治期と、しだいに古い時代をも対象にするようになっていった。『〔旧版〕沖縄県史』の執筆陣に加えていただいたことで、その機会は広がった。在籍した沖縄国際大学の経済学部には「沖縄経済史」という科目を設けた。

そして、ついに「原始」にまで至ったのである。同じく日本経済評論社から「シリーズ 沖縄史を読み解く」として、全五巻（九冊）として刊行された。このことを基礎に、この「よくわかる沖縄の歴史」（自称「シリーズ」）を刊行しているのである。

ここまでくると、私は「農業経済学者」とはいえなくなった。気持ちは「（沖縄の）歴史学者」である。そして、先行する「（沖縄の）歴史学者」たちに「異論」を唱えつつある。「経済を踏まえない歴史はだめですよ」と言い続けている。

ただ、「（日本の）歴史学者」の成果に接していくと、この指摘は当たらない。「（日本の）歴史学者」は、十分に「経済」を踏まえている。また、政治や社会や文化など、それぞれの専門家がおられて、教えられることは限りがない。

そのような財産を、私はいろいろと学習させていただいた。そのことは、本来は文献名を指示すべきであるが、あまりに大量であることもあって、多くは掲載していない。ただ、多くの文献から学んだこと、そのことははっきり記しておきたい。

一方、「（沖縄の）歴史学者」の文献については、いちいち明示した。批判がある場合は、そのことを指摘しながら。

すべて学問は、先行者の議論の検討の上に前進していくものである。私のこの新「シリーズ」も、刊行された後は、検討／批判の対象の仲間入りをすることになる。そのように扱っていただければ、うれしく思う。

なお、沖縄についていえば、その歴史は、日本とは異なっている。したがって、「社会のかたち」が異なっている。古い時代だけでなく、今の沖縄も、今の日本とは異なっている。私はそのことを読者の皆さんに伝えたいのである。

そこに「琉球独立論」がうごめく土壌がある。しかし、私は、沖縄が日本とは異なった社会であるからという理由で、「分離／独立」しようとは思わない。異なっていても、「共同／連帯」していきたい。

最後に、日本経済評論社には、今回もたいへんお世話になった。柿﨑均社長をはじめ、実務に携わった出版部には、厚くお礼を申し上げたい。

二〇二三年六月一二日

著者紹介

来《くり》間《ま》泰《やす》男《お》

1941年那覇市生まれ。宇都宮大学農学部、同大学院農学研究科（農業経済学専攻）出。1970–2010年沖縄国際大学、現在は名誉教授。主な著書、『沖縄の農業（歴史のなかで考える）』（日本経済評論社）、『沖縄県農林水産行政史 第1・2巻』（農林統計協会、九州農業経済学会学術賞を受賞）、『沖縄経済の幻想と現実』（日本経済評論社、伊波普猷賞を受賞）、日本経済評論社から「シリーズ沖縄史を読み解く」（全5巻・9冊）、よくわかる沖縄の歴史（現在2冊）を刊行。

琉球王国から沖縄県へ
よくわかる沖縄の歴史

2023年11月17日 第1刷発行

著者 来 間 泰 男
発行者 柿 﨑 均
発行所 株式会社日本経済評論社
〒101-0062 東京都千代田区神田駿河台1-7-7
電話 03-5577-7286 FAX 03-5577-2803
E-mail: info8188@nikkeihyo.co.jp
組版・印刷・製本・装幀＊閏月社

乱丁本・落丁本はお取替えいたします Printed in Japan
価格はカバーに表示しています。

ISBN 978-4-8188-2638-0 C0021

来間泰男著

シリーズ 沖縄史を読み解く（全五巻九冊）

1 稲作の起源・伝来と〝海上の道〟 本体上3200円、下3400円

2 〈流求国〉と〈南島〉――古代の日本史と沖縄史 本体3800円

3 グスクと按司――日本の中世前期と琉球古代 本体上3200円、下3400円

4 琉球王国の成立――日本の中世後期と琉球中世前期 本体上3400円、下3600円

5 それからの琉球王国――日本の戦国・織豊期と琉球中世後期 本体上3600円、下3200円

＊ ＊ ＊

よくわかる沖縄の歴史

琉球王国の成立と展開 本体2000円

琉球近世の社会のかたち 本体2200円

琉球王国から沖縄県へ 本体2600円